なんのために経営するのか

社員と会社の志を叶え合い
社会を良くする
組織と事業のつくり方

*

株式会社パラドックス／ PARADOX創研
ブランディングプロデューサー

鈴木祐介

かんき出版

お客様や、
その先にある社会、
ともに働く仲間たちのことを
大切に想いながら、
一生懸命、
奮闘している皆様へ。

はじめに

なぜ経営には志が必要なのか

いい会社とは、どんな会社だろうか。

増収増益が続いている会社？
ＳＤＧｓに取り組んでいる会社？
社員が働きやすい会社？

いい会社にしたい。いい会社で働きたい。仕事柄、そんな声を聞くことも多いのですが、いい会社とは何かと問われると、その答えは人それぞれ。経営者か、社員か、投資家か。誰の立場で考えるかによっても、答えは違うかもしれません。
だから、これから私がお話しすることは、「いい会社」という山を登っていくための道のひとつ。**「志経営《こころざしけいえい》」**という考え方です。これまで20年近く、さまざまな企業の、数えきれないくらいのプロジェクトを通して見えてきた原理原則のようなものです。

誰もが知っているような有名企業ではないけれど、お客様からも社員からも愛され、業界内では一目置かれているような企業が、日本にはたくさんあります。そうした企業の経営者や社員の皆様と一緒になって取り組んできた、変革や進化の「リアルな現場」から得た知見ですから、きっとお役に立てるのではないかと思います。


さて、これからその話をさせていただく前に、少しだけ自己紹介をさせてください。

私が所属する株式会社パラドックスは、主に企業や事業のブランディングを手がける会社です。これまで携わってきた企業は280社以上。現在も、毎年150社以上のブランディングプロジェクトが継続して動いています。クライアントは大手企業もいらっしゃいますが、メインは売上高数十億円から数百億円規模のオーナー企業。北は北海道から南は沖縄まで、BtoC、BtoB問わず、幅広い業種のお客様がいらっしゃいます。

共通するキーワードは「志」。自分たちらしい強みを活かして人や社会の役に立ちたいという志を掲げ、ぶれずに、着実に、未来に向かって歩んでいる方々ばかりです。そうした企業の経営陣の横にお邪魔して、戦略策定から実行、アウトプットのクリエイティブまで一貫してお手伝いをしています。

ところで、**「ブランディング」**とはどのような活動だと思いますか？
普段、セミナーをしているなかでこの質問をすると、「企業や商品のイメージアップ」「世界観の統一」といった回答が多いように感じます。もちろんそれは間違ってはいないのですが、あえて定義するならば、私は**「いい経営そのもの」**と答えるようにしています。

ローマは1日にして成らず、と同じ。ブランディングも1日にして成らず、です。

社会にどう役立つのか、つまり何を目的として生まれた企業なのかという志を明確にして、その志を実行していくこと。いくら外面をよく見せても、中身が伴っていなければいつかメッキは剥がれます。人も企業も同じ。言行一致が大切です。内面も外面も磨きながら信念を持って有言実行し、自分にできることで貢献していく。そういう企業が信頼されるのだと思いますし、その積み重ねが強いブランドを築いていきます。

ですから、パラドックスでは企業理念の策定から始まり、組織活性や人材育成、採用、商品開発、プロモーションまで、企業活動のあらゆる領域を伴走しています。そういう意味では、「志を軸とした経営のパートナー」と言ったほうが近いかもしれません。

長く愛される企業になるために、必要なことは何か

昨今、経営には「パーパス」が必要だということを言われるようになりました。以前から言われている「ＳＤＧｓ」「ＥＳＧ投資」といった考え方も一般的になったように思います。**企業の目的は利益を上げることではなく、社会に貢献すること。**それに世界が気づきはじめたのかもしれません。

パーパスは存在意義と訳されることが多いようです。つまり、「なんのために生まれてきた企業なのか」その意義を明確にしましょう、ということです。

今、地球上には約80億人が暮らしており、２０５０年には97億人を超え、２０８０年代には約１０４億人に達すると予測されています。もちろん、人類以外にもたくさんの生物が生きています。地球は大きくなりません。ひとつの星のなかで、みんなで肩を寄せ合って生きている。だから自分の利益ばかり追うのではなく、お互いがお互いを思いやって暮らしていくこと、自分の世代だけでなく、子どもたちやそのまた子どもたちの世代、ずっと先の世代のために行動することが大事なのだと思います。

この**「誰かのために」**や**「社会に貢献する」という考え方は、日本の企業においては古くから当たり前とされてきたこと**です。近江商人の「三方《さんぼう》よし」は有名な思想ですね。

資本主義の父と言われた渋沢栄一が大切にしたもののなかにも、「商道徳」というものがあります。儲けを独占したり、礼節を軽んじたりをよしとしない。人としてどう振る舞うかを大事にしてビジネスを実践しようという考え方です。

ちなみに渋沢栄一は、実際には資本主義という言葉は用いず、合本主義と言っていたそうです。「合本」とは、資「本」を「合」わせるの意。つまり、何かひとつの目的に向け、資本（ヒト・モノ・カネ）を集めて事業を行うという意味合いのもの。一般的な資本主義よりも「公益」的なニュアンスが強く、国が豊かになり、社会にメリットがあることを企業は目指すべきであり、そのためのひとつのあり方が合本主義だというわけです。

そして、そんな渋沢栄一が大切にしていた道徳は、論語をベースにしていたと言われており、彼の考え方をまとめた本が『論語と算盤』です。このなかで彼は、企業経営には志を立てることが大事だと立志の大切さを説いています。

志とは「自分たちにできること、自分たち〝ならでは〟のことで社会に役立つこと」だと、私は定義しています。この日本的経営観、いわば「志経営」は、これからの社会に必要な経営思想ではないでしょうか。

ギネス世界記録に認定されている世界最古の国は日本であり、世界最古の企業も日本の「金剛組」（創業578年）です。創業200年以上の企業は世界に約5600社あるそうですが、その半数以上、約3100社は日本にあります。しかも世界に12社しか存在しない創業1000年以上の企業においては、そのうち9社が日本の企業です。

持続可能な企業、言い方を変えれば長期的に繁栄し、愛され続ける企業とは？　という問いがあるとすれば、日本企業のなかにこそ、その答えがあるような気がしてなりません。

社会に貢献し、顧客も社員も誇りに思う志経営の原則とは？

「私たちはこうやって社会に貢献していくんだ」という信念を志として明文化し、その志を軸に有言実行していく。目の前の顧客や社員だけでなく、未来の社会や次世代のことも見据えて、長期的な視点で遂行していく。**言行一致の経営を「志経営」**と呼んでいます。

そして、そんな志経営にはどうやら原則がありそうだということで取り組んだのが本書です。

顧客に深く愛されているだけでなく、社員もいきいきと誇りを持って働いている。パンデミックのような大きな変化があっても揺るぎなく、志の実現に向けて力強く進んでいく。会社を訪れると、なんだかパワースポットのように明るく、良い気が満ちている。

私たちパラドックスがお手伝いしている企業のなかでも、特にすごいと体感する企業たちを分析して見つかった共通項。それが次の**「7つの原則」**です。

①大切にすべき価値観と社会への貢献の仕方が、独自の志として明文化されている。
②志に基づいた経営判断が下され、現場でも一貫して実践がなされている。
③一人ひとりの人間性を尊重し合い、自己実現を支援している。
④世の中や業界の常識にとらわれず、顧客に本当に必要な価値を創造している。
⑤志に基づいた事業が収益の柱となっている。
⑥お客様や取引先など、主要なステークホルダーも志を理解・共感している。
⑦長期的な視点で考え、将来世代に対する責任感を持って経営している。

本書では、この7つの原則について、具体的な事例を織り交ぜながらお伝えしていきます。図なども用いながら、できる限り**読むことで自社を振り返り、実践につなげることができる**ように書きました。

お客様のために、社員のために、社会のために、今日も奮闘している方々がたくさんいらっしゃいます。そうした皆様にとってお役に立つことができたら、これ以上うれしいことはありません。

そうして幸せに働く人が社会にあふれることを心から願っています。

目次

Chapter 2

志を実践する

事例2 ソフィアメディ株式会社

Chapter 3
叶え合う組織にする

事例3 株式会社 LIFE CREATE

Chapter 4

独自の価値を創造する

事例4 株式会社 Plan・Do・See

Chapter 5

志に紐づいて事業展開する

事例5 沼津港深海水族館 シーラカンス・ミュージアム／日本サニパック株式会社

Chapter 6

志でファンをつくる

事例6　株式会社湘南ベルマーレ

Chapter 7

志で未来をひらく

事例7 石坂産業株式会社

ブックデザイン　淵　憲一
DTP　Office SASAI

Chapter

1 | 志を言語化する

2 | 志を実践する

3 | 叶え合う組織にする

4 | 独自の価値を創造する

5 | 志に紐づいて事業展開する

6 | 志でファンをつくる

7 | 志で未来をひらく

自分たちの行き先を示す旗印はあるか

聖書の一節、ヨハネによる福音書の第1章には、次のようなことが書かれています。有名な言葉なので、ご存じの方も多いかもしれません。


はじめに言（ことば）があった。言は神と共にあった。言は神であった。

この言ははじめに神と共にあった。

万物は言によって成った。成ったもので、言によらずに成ったものは何ひとつなかった。

言の内に命があった。命は人間を照らす光であった。


ここでいう「言（ことば）」とは、イエス・キリストの言葉。こんな話をすると拡大解釈になってしまうかもしれませんが、この一節を読むたびに言葉の力を感じずにはいられません。言魂《ことだま》（あえて魂と書きます）という言葉もありますが、「私はこれを成し遂げたい」という想いを明確な言葉にすることで、人はその方向に向かっていくことができる。未来をつくりだすことができると思っています。

元メジャーリーガーのイチロー選手が小学生のときに書いた作文も有名ですよね。「夢」と題された作文には、こんなことが書かれていたそうです。

「ぼくの夢は、一流のプロ野球選手になることです。（中略）そして、中学、高校でも活躍して高校を卒業してからプロに入団するつもりです。そしてその球団は中日ドラゴンズか、西武ライオンズが夢です。ドラフト入団で、けいやく金は1億円以上が目標です。」

もちろん、類稀なる才能があり、誰よりも地道に努力を重ねたからこそ実現できた夢だと思います。けれど、ここで伝えたい大切なことは、**明確な言葉にするということ**です。そして、それを**ストーリーとして語ること**。そうすれば将来の姿を具体的にイメージすることができ、そこに向かう道筋が見えてくる。道が見えれば、何をすればいいかがわかり、努力をすることができる。結果、夢は一歩一歩、現実のものへと近づいてくるのだと思います。

パナソニック（旧・松下電器産業）の創業者である松下幸之助も、『私の夢・日本の夢21世紀の日本』（PHP研究所）という書籍のなかで、さきほどの聖書を引用して次のようなことをおっしゃっています。

「私が経営においてやってきたのは、いわばそういうことだったのです。最初に一つの発想をし、それを〝このようにしよう〟ということばにあらわし、みんなで達成していくということです。」

つまり、まずは**経営者が「こうありたい」という志を明文化すること**。目指すべき方向性が明確になれば、それが精神的支柱や判断のよりどころとなって、経営者のみならず社員の行動、信念に力強さが生まれてくる。結果、組織が一枚岩となり、モチベーション高く、その実現に努力するようになるということでしょう。それは決して絵空事ではなく、事実であるということを、パナソニックは世界的企業へと成長することで証明してくれたように思います。

言葉には未来をつくりだす力があるのです。

あなたの会社はなんのために存在するのか

理念ならあります、という企業は多いと思います。むしろ、理念がない企業のほうが少ないでしょう。ここで大切になるのは、その理念はちゃんと機能しているか、ということ。これはChapter2で詳しくお話ししますが、すべての行動が理念と言行一致しているかどうかです。

もうひとつは、そもそも自社の理念は、他社には言えない言葉になっているかどうか。残念なことに、社名を変えてしまったら自社とわからない、他社でも言えてしまう、そんな理念になっている企業もあります。「地域社会に貢献する」や「お客様第一主義」を掲げていることはとても素晴らしいのですが、「自社ならでは」の志になっていないことも多いです。

理念はいわば企業のコンセプトです。理念を実現するために、理念に沿って経営することが基本とするならば、もしも他社も同じような理念を掲げていたら、まったく差別化されなくなってしまう。創業者も違うし、社員も違う。会社を立ち上げた経緯も、そのときに描いた想いも違う。事業内容も商品も違うし、目指している未来も違うはず。この世にはひとつとして同じ企業はなく、そういう意味では本来すべての企業は差別化されているのです。

「自分たちの会社には特徴がなくて」とおっしゃる方もいますが、そんなことはありません。これまで280社以上の志を言語化してきましたが、本当に千差万別。同じ言葉になる企業はひとつもありませんでした。

志を構成する5つの要素

では、どのようにすれば「志」を明文化できるのか。これからこの章を通して、大切にしていただきたい考え方や具体的な言語化の進め方、チェックポイントについてお話しします。ぜひ自社の理念を振り返りながら読み進めてください。

まず、志には次の5つの要素があると考えています。

ひとつめのコアとなるのは**ミッション**。いわば、「企業が存在する意味（存在意義）であり、日々果たすべき使命」です。

2つめは「ミッションを追求し続けた先で実現させたい理想の未来」である**ビジョン**。

3つめは「ミッションを遂行するうえで発揮されるべき価値」である**バリュー**。

4つめは「ミッションを遂行するために社員一人ひとりが大切にすべき精神」である**スピリット**。これは、その企業が大切にしている心構えであり、人間教育にもつながるものです。単に成果を出せばいいという考えではなく、そもそも人としてどうかという道徳心や、倫理観を日本企業は大切にしてきたように思います。社員一人ひとりの人間的成長を願い、育てていく。だからこそ精神的に強い組織となり、戦後の焼け野原からわずか数十年で世界トップクラスの経済大国へと成長することができたのだと思います。そこで志経営においては、日本的なブランディング手法として、あえてスピリットを定義することをおすすめしています。

そして最後は**ストーリー**。「すべての要素をひとつにつなげ、心に響くように語られる物語」です。何が強みで、何が自分たちらしいのか。それによって何を成し遂げ、どんな未来をつくるのか。つまり、なんのために生まれた企業なのか。ストーリーにして語ることで、目指す方向をありありとイメージできるだけでなく、語り継がれやすくなります。

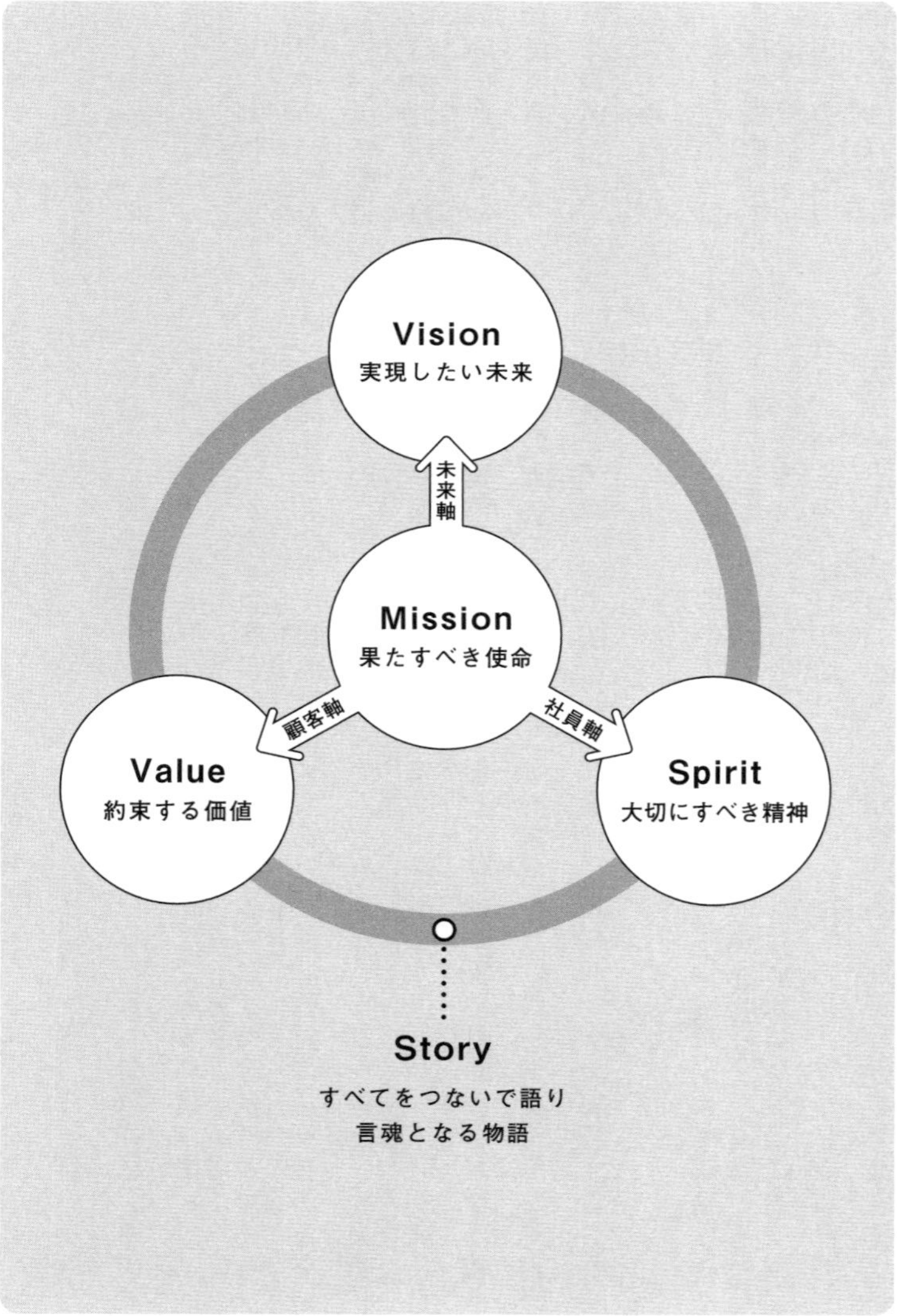
Vision
実現したい未来
未来軸
Mission
果たすべき使命
顧客軸
社員軸
Value
約束する価値
Spirit
大切にすべき精神
Story
すべてをつないで語り
言魂となる物語

それが社員一人ひとりの共感や使命感につながり、やがて言魂になっていきます。

ちなみに、すべての企業で必ずこの5つの要素が必要というわけではありません。自分たちに必要なものは何かを考えて、取捨選択していただいてもいいかと思います。

たとえば5年先、10年先の予想が難しいような変化の激しい業界においては、ビジョンは定めないという考え方もあるでしょう。さらにスタートアップともなれば、まだ自社の価値が定まっておらず、今後の事業成長によって変化する場合もある。むしろバリューも定義しないほうが自社の可能性を狭めることなく、思い切った経営ができるということもあるでしょう。

ミッションの視座を上げると市場が広がる

ミッションをどれだけ意義深くできるかということが、志を言語化するうえではとても重要です。実は目的のレイヤーをどこまで高くするかによって、マーケットの範囲も変わっていくからです。

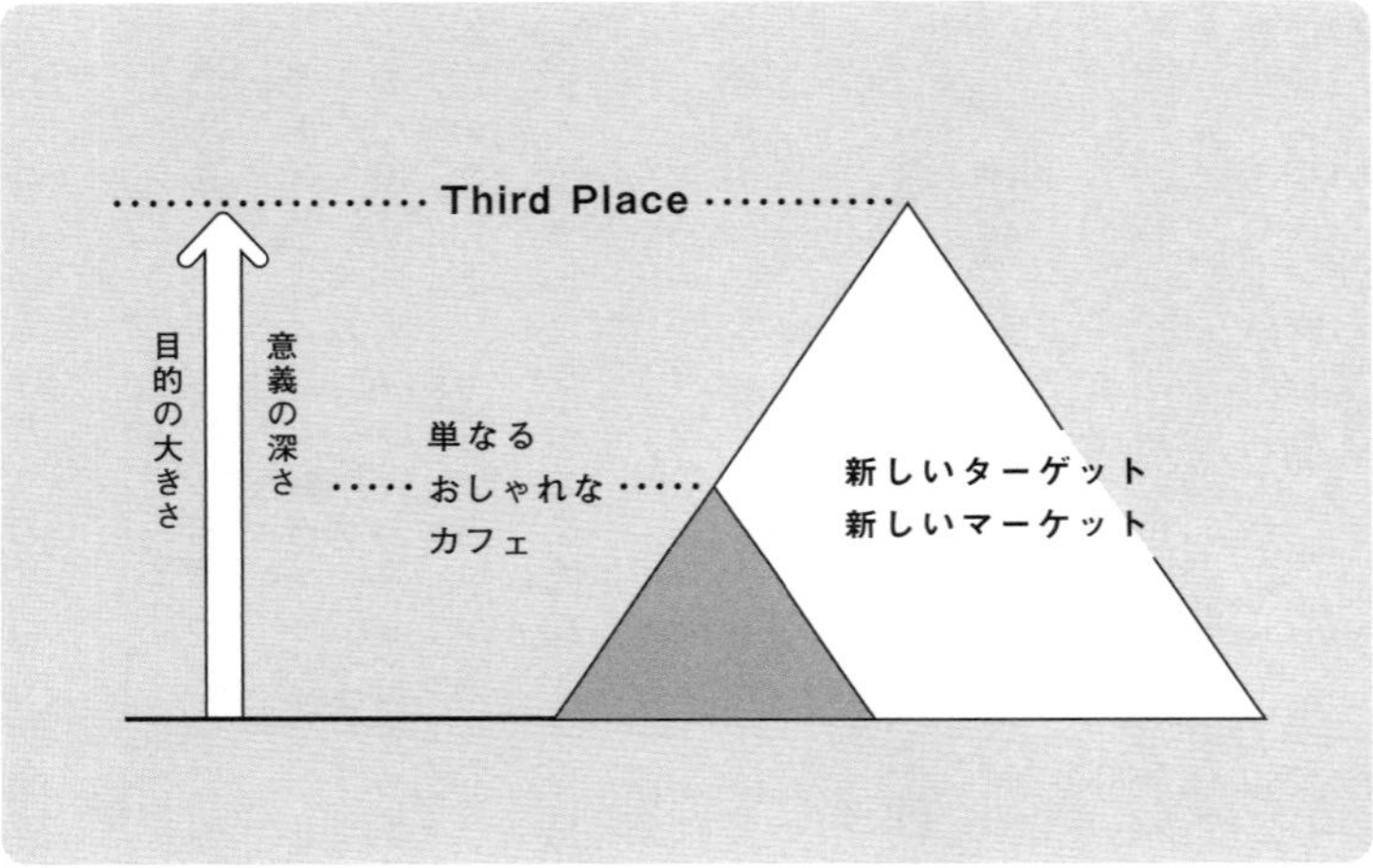

たとえばスターバックスの場合。かつて同社では、単なるおしゃれなカフェになるか、違う存在になるかという議論があり、最終的に「Third Place（第三の場所）になる」と決めたと言われています。そしてその背景には、当時のアメリカ社会が抱える課題があったのではないかと、一橋大学の楠木建教授は『ストーリーとしての競争戦略』（東洋経済新報社）のなかで指摘しています。

１９８０年代のアメリカは過剰なハイテンション社会で、職場（第二の場所）では競争が求められ、強いプレッシャーがかかる。疲れ果てて家（第一の場所）に帰っても、家族の前でもそれなりにいい顔をしなくてはならない。そんな状況のなかで、ビジネス街にできたのがスターバックス。リラックスできる空間（＝

Third Place）によって、ビジネスパーソンが抱えているプレッシャーから解放していったのではないか。「美味しいコーヒーを提供する」という単なるカフェとしてのコンセプトではなく、目的の視座を上げたからこそ、全世界に広がっていったのではないか。

たしかに現在のスターバックスをのぞいてみると、パソコンを広げて仕事をしている人がいたり、読書をしている人がいたり、フラペチーノを片手にゆっくりとおしゃべりをしている人がいたり。「コーヒーを飲む」ことが目的ではない方がたくさんいます。

ポイントは、**目的のレイヤーをどの高さに置くか**。

それによってより多くの社会課題を解決していくことにもなりますし、結果として、お客様や地域に愛され、長く繁栄することにつながっていくのです。

次ページの写真は、埼玉県にある石坂産業株式会社のプラントの様子です。事業そのものを言い当てるのであれば、産業廃棄物処理の現場。しかし、同社では資源再生、つまりリサイクルの現場であるととらえています。流れてくるのは廃棄物（ゴミ）ではありません。資源です。そう考えると、このプラントは循環型社会になくてはならない最前線だということになります。

ですから、同社のミッションは「自然と美しく生きる、つぎの暮らしをつくる」。環境問題に対峙する企業として、自然との共生など、これからの世の中に必要なライフスタイルを提案しています。実際に、産業廃棄物から資源を再生する事業だけでなく、子ども向けの環境教育や豊かな土壌を再生するオーガニックファーム、環境に優しい化粧品など、多種多様な事業を展開しています(石坂産業の事例に関してはChapter7で詳しく取り上げます)。

意義深いミッションは働く人の誇りになる

優れたミッションは、その会社で働く社員にも作用します。有名な経営学者であるピーター・ドラッカーも、自説のなかで次

石坂産業のリサイクルプラント

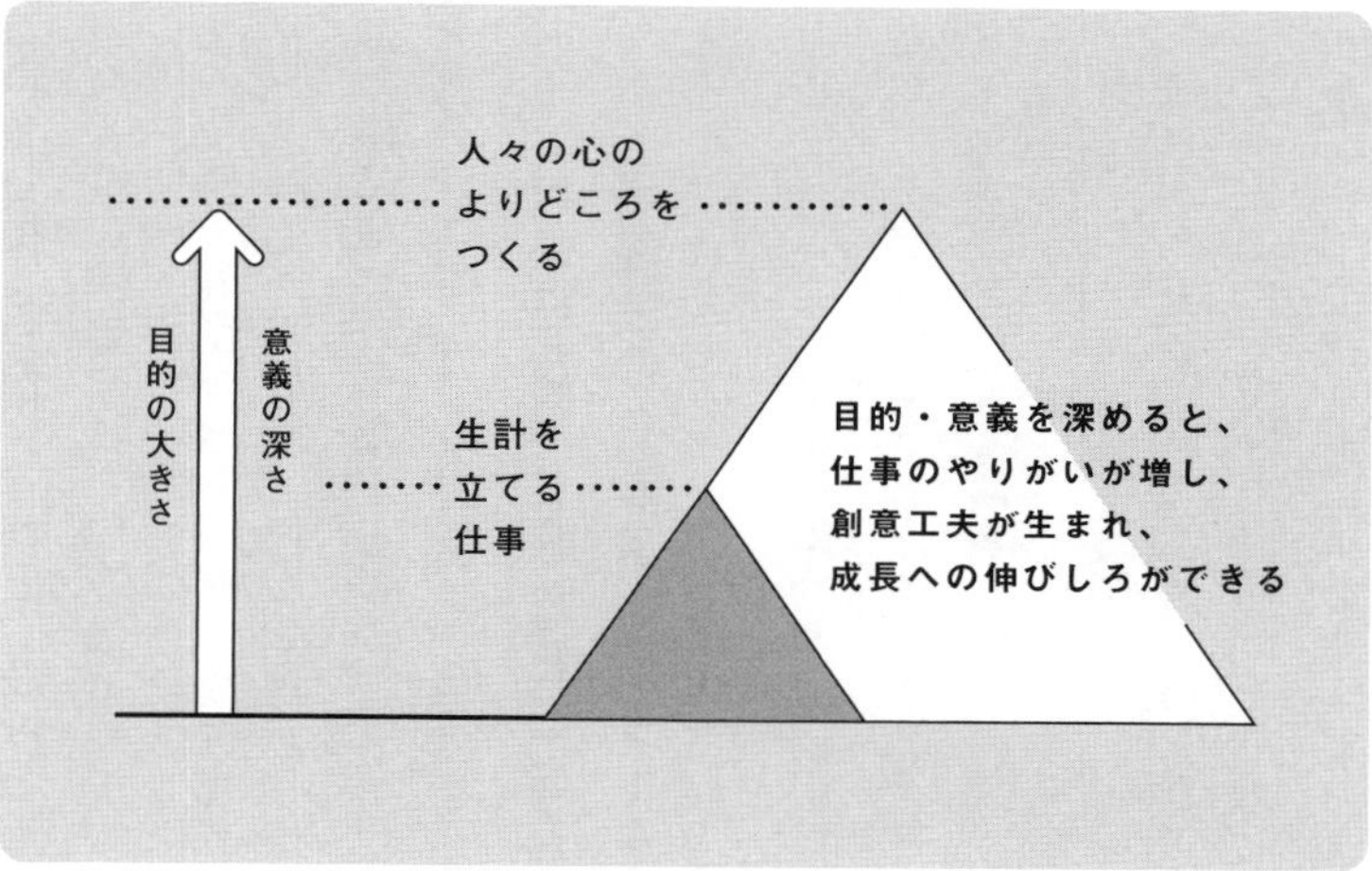

のような話をしています。

ある人が工事現場の脇を通りかかり、汗を流して働いている数人の石工に、「何をしているのか」と問いかけました。一人目の人は「これで食べている」と。二人目は、手を休めずに答えました。「国で一番腕のいい石工の仕事をしている」と。三人目は目を輝かせて「教会を建てている」と答えました。そして四人目は「この地域の心の拠り所をつくっている」と答えました。

日本の一般的な正社員で言えば1日8時間。残業も入れればそれ以上でしょうか。人は、人生の多くの時間を働くことに使っています。その時間が食べていくためだけの仕事の時間で終わってしまうのか、それとも誇りのもてる仕事の時間になるのか。

もちろん報酬や働く環境は重要ですが、自分の仕事にどんな意義を感じるかということは、人生の有意義さに大きく影響するはずです。そして、どちらのほうが仕事のパフォーマンスは上がるのか、何か問題が起きたときに、その壁を乗り越えていくパワーが生まれるのか。成長につながるのか。それはきっと後者ではないでしょうか。

NEEDSとSEEDSをつなぐ、必然性のあるストーリーをつくる

さて、ここからは具体的な言語化プロセスを話していきます。**ポイントは「NEEDSとSEEDS」、そして「過去〜現在〜未来」という2つの軸で考えること。**その接点でミッションを考えていきます。

まずは、創業者の想いや企業の歴史など、過去から現在にかけて紐解きながら、自社らしさや大切にしてきた価値観を抽出します。ターニングポイントとなった出来事を振り返りながら、そのときに「なぜ（どのような想いで／何を判断基準として）」「何をしたのか

〈具体的な行動〉」「結果どうなったのか（うまくいったことは何か／何がその要因か）」を分析していくといいでしょう。俯瞰して見ていくことで、自社が自社らしく成長してきた「メカニズム」や大切にすべき価値観を言葉にしていきます。

過去のターニングポイントといえば、まずは創業のきっかけ。なぜ今の事業をはじめたのか。そこには重要な価値観が隠れていますし、創業の目的はミッションやビジョンのヒントになります。創業者の幼少期から会社設立にいたるまでの人生を紐解いていくのもおすすめです。そうすることで、価値観や創業の目的の背景を深く理解することができます。

次は会社が成長したタイミングや壁にぶつかったタイミングなど、いわゆる「紆余曲折」になった出来事を見ていきましょう。そのとき、経営陣やリーダーはどういう経営判断をしたのか。そこに重要な判断基準となる価値観が潜んでいることも多いです。

一方で、現場の仕事に目を向けることも大切です。先輩から後輩へ語り継がれてきたような伝説の仕事や、現在の社員が体験したメモリアルな仕事〈自社らしい仕事／成長につながった成功体験〉を語り合い、その背景にある想いやうまくいった「成功の要因」を探ってみる。それによって大切にすべき価値観や自社らしさを考察していきます。

また、自社（ミクロ）だけでなく、創業の地や業界、ひいては日本らしさなど、マクロ視点でのSEEDSを考えることも重要です。

SEEDSを分析したら、次はNEEDSです。

自分たちが大切にすべき顧客は誰かを考え、その方々が求めることは何かというミクロ視点でのNEEDSを明確にします。ここでのポイントは、**顧客を選ぶこと**。八方美人が嫌われるというのは、人も企業もきっと同じ。

そもそも現実的な話として、世界中のすべての人を自社だけで幸せにするのは不可能と言えるくらい難しい。自分たちが幸せにしていかなければいけない人は誰なのかをちゃんと見極めて、その人たちにしっかりと貢献していくこと。言い方を変えれば、他社のほうが幸せにできる人がいるなら、その人は他社に任せるという考え方です。

つまり、顧客のことを本当に考えるなら、自分たちで全部やることが「正」ではないと思います。なんのために存在する会社なのか？　という問いには、誰を幸せにする会社なのか？　という問いも含まれている。だからぜひ顧客を選んでほしいのですが、とはいえ、できる限りたくさんのお客様に愛されたいと思うと、顧客を選ぶのは難しい。

そんなときは、「どんな顧客に好かれたいか」だけでなく、**「どんな顧客に嫌われたいか」を考えるのもコツ**です。逆説的な発想ですが、嫌われたい相手を想像することで大切にしたい人が見えてきます。

顧客を選んだら、次はその顧客に自社が選ばれなければいけません。つまり、NEEDSに応えるための強みを明確にすることが大切です。自社ならではの卓越した強みは何かを考察しましょう。「あえてやっていること」「あえてやっていないこと」を考えると、強みが見つかるヒントになります。

顧客に選ばれるためには、現状の強みだけでは足りないということもあるかもしれません。しかし足りないものは成長させればいい。これから強化すべき点を洗い出して具体的に磨いていく方法を考えることも重要です。ここで抽出された強みは、のちのちバリュー（提供価値）を議論していくうえで必要な要素になっていきます。

そして今度は未来に目を向けながら、これからの社会において自社が解決すべき課題は何か、想いをはせ、意思決定します。ここでの問いは、**社会の要請は何か？**です。自分たちの会社が存在することには必ず意味があります。つまり、「この課題を解決してほしい」「こんな役割を担ってほしい」と社会から要請されている何かがあるはずです。それを見つけ、その要請に応えることを覚悟する。もちろん「正解」はありません。難しい問いだと思います。

でも、未来はたいてい過去～現在の延長線上にあります。だからこれまで議論してきた「大切にすべき価値観」や「自分たちならではの強み」を見直すことが、「自分たちが応えるべき要請（解決すべき課題）」を見つけるヒントになります。さらに、顧客のインサイトを考察することでヒントも見えてくるはずです。最終的には、「自分たちの人生をかけてやりたいことか」「ワクワクするか」という想いを大切にしてください。やはり、心からやりたいと思えるものでなければうまくいきません。

そうやってひとつひとつをつまびらかにしながら、時間をかけてじっくりNEEDSとSEEDSをつなぐ接点を見つけていく。会社の大事なコンセプトですから焦らないこと。SEEDSとNEEDSを行ったり来たりしながら、「過去～現在～未来」を何度も見返し、ストンと腹に落ちるまで議論を深めていく。そうすることで、「これこそが私たちの会社が生まれてきた意味だ」と心から思えるような、必然性のあるミッションを言語化することができます。

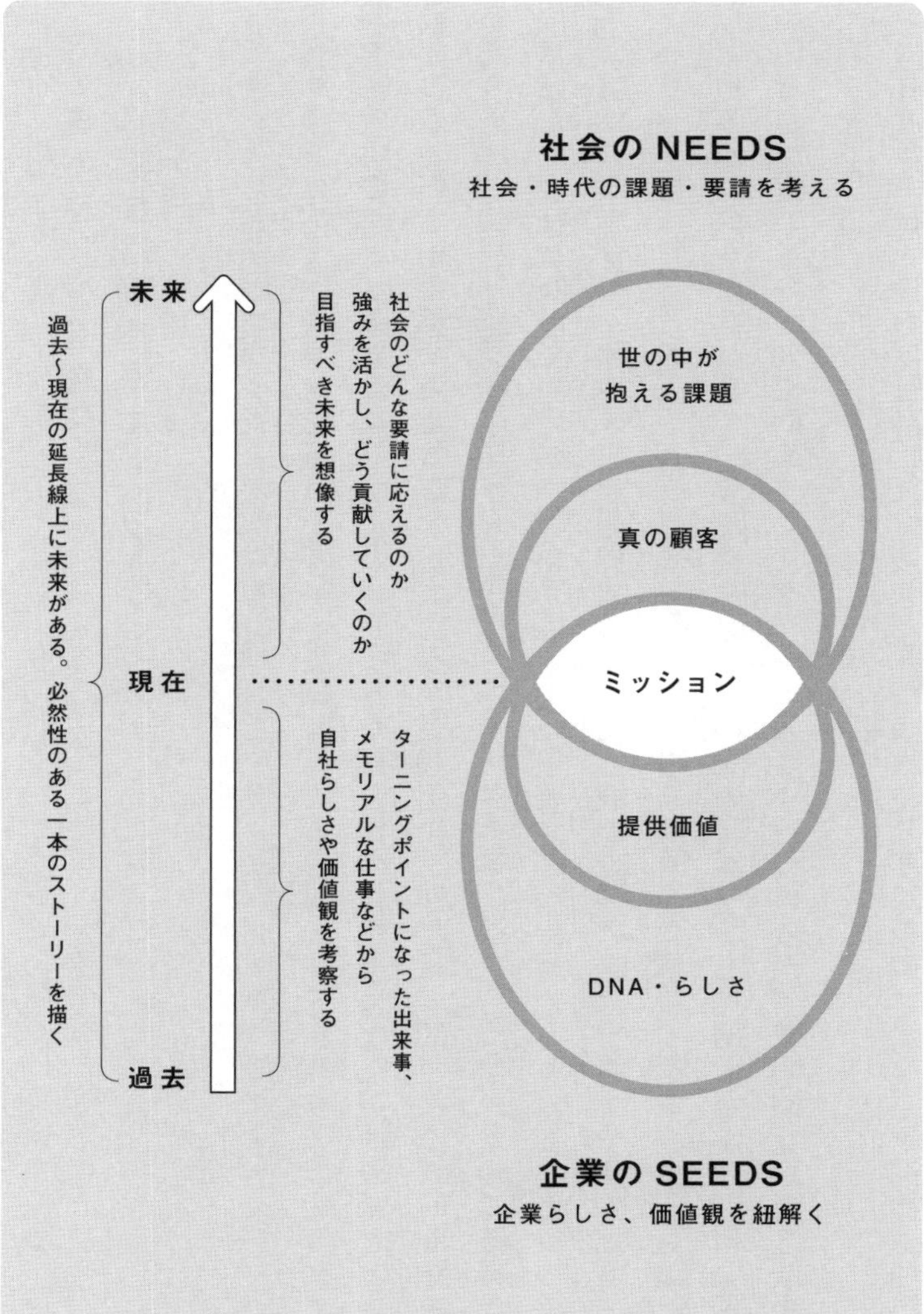
社会の NEEDS
社会・時代の課題・要請を考える
未来
現在
過去
過去〜現在の延長線上に未来がある。必然性のある一本のストーリーを描く
社会のどんな要請に応えるのか
強みを活かし、どう貢献していくのか
目指すべき未来を想像する
ターニングポイントになった出来事、
メモリアルな仕事などから
自社らしさや価値観を考察する
世の中が
抱える課題
真の顧客
ミッション
提供価値
DNA・らしさ
企業の SEEDS
企業らしさ、価値観を紐解く

ミッションを軸に必要な言葉を整えていく

ミッションが明確になったら、次はビジョンとバリュー、スピリットです。

ビジョンは、ミッションを遂行していった結果、どんな世の中を実現することができるかを定義すること。業界ナンバー1というような自分軸の言葉ではなく、社会をどうよくできるかという相手軸で考えることが大切です。10年後、20年後、30年後など時間軸を定めたうえで、「自社が貢献することによって社会はどう変化しているか、そのころには社内はどんな会社になっているか」という「未来の年表」をつくってみるのもひとつの手です。具体的なワクワクする未来を想像することで、向かうべき未来を考えやすくなります。

バリューは、「ミッションを遂行するうえで発揮されるべき価値」ですから、議論してきた強みがヒントになります。ミッションやその先のビジョンを見据えながら、何を提供価値として定めるのが効果的か、ロジック的に成り立っているか、戦略的な思考も踏まえて考えましょう。

スピリットは、いわば行動指針であり、社員一人ひとりが大切にすべき精神性。抽出した価値観がヒントになります。さらに社員をマネジメントしていくうえで重視していることを列挙し、絞り込んでいくのも有効なやり方です。日々このスピリットを実践していくことで、どんな人材に育ってほしいのか、どんな組織になっていきたいかを言葉にしていく作業でもあります。

ミッション、ビジョン、バリュー、スピリットを言語化できたら、それらの因果関係や流れをグッとくるストーリーにまとめていきましょう。この章のはじめにイチロー選手の例を出しましたが、ストーリーとして語ることでそれはいつしか言魂となり、志を実現していくうえで重要なぶれない道筋になっていくはずです。

さて、ここまで「志の言語化」について、そのプロセスやポイントをお話ししてきました。しかし、少し抽象的な話も多く、イメージしにくい部分もあったかもしれません。そこでここからは、具体的な事例を通して説明していきます。

事例企業は土屋《つちや》鞄《かばん》製造所。そして、その親会社（ホールディングス会社）であるハリズリーです。両社を取り上げることで企業単体での言語化はもちろん、グループ会社（親会社・子会社という関係性）での言語化についてもイメージしていただけるのではないかと思います。

日本のモノづくりが抱える課題にアプローチする

土屋鞄製造所は１９６５年創業。国内外に27店舗（２０２３年1月現在）を展開するランドセル、鞄メーカーです。その土屋鞄製造所が半世紀にわたり培ってきたブランディングやマーケティング、あるいは商品開発や職人の育成といったノウハウをもとに、モノづくり企業を支援するのがハリズリー。土屋鞄製造所など、自社ブランドを運営する「ＧＲＯＵＰ ＢＲＡＮＤＳ事業」のほか、先見性ある国内外のＤ２Ｃブランドや最先端領域への投資を行う「ＩＮＶＥＳＴＭＥＮＴ事業」を展開しています。

ハリズリーがホールディングス会社（親会社）で、土屋鞄製造所が事業会社（子会社）という関係性です。

そのため言語化にあたっては、その体系に少し違いがあります。具体的に言うとハリズリーは「スピリット」を策定せず、土屋鞄製造所は策定しています。この違いはどこからくるかというと、ハリズリーはホールディングス会社（経営支援、投資が主な立ち位置）だから。「社員」の行動指針にあたるスピリットは事業会社で規定すべきだろうということで、土屋鞄製造所で規定することにしました。

さて、まずはハリズリーがどのような志を言語化したのか、そのプロセスについて紹介します。

腕がいいのに なぜ仕事がないのか

志を言語化する際には、「なぜ生まれた企業なのか」というルーツを紐解いていくことが重要です。そこには大切にすべき価値観など「SEEDSの要素」だけでなく、自社はこれから「どんな社会の要請に応えていくべきか」というNEEDSのヒントも隠れていることが多いからです。

ハリズリーの場合、そのはじまりは土屋鞄製造所にあります。創業のきっかけについてうかがうと、代表取締役社長の土屋成範《まさのり》氏はこんな話をしてくれました。

「両親が鞄工房を経営していて、父はランドセルをつくっていたのですが、少子化とともに仕事が減っていったんです。中学・高校時代にそういう姿を横で見ていたのですが、仕事がない職人だから腕が悪いのかと思ったら、そんなことはなかった。24歳になって土屋鞄を手伝いはじめたころ、鞄ひとつ持って全国を回っていたときに、ある鞄屋さんに言われました。あなたのお父さんがつくっている鞄は品質が高い、と」

当時、日本はちょうどバブルが終わったあたり。そんななかでもイタリア製、フランス製の鞄はどんどん輸入され、次々と売れていた時代です。同じような価格帯で比べたら、父やその後輩のほうが腕がいい。それなのに鞄づくりの仕事がなく、その仕事で食べていけない……。「なんとかしたい」という想いが強くなり、いつか鞄業界でうまくいったら他の業界にも手を広げたい、いろんな職人が自信を取り戻せるようなお手伝いをしたいと思うようになっていったそうです。

現在ハリズリーが目指している世界観は、このころにはすでに芽生えていたように感じます。言語化のお手伝いをしていると、「自分たちが大切にしていたことを思い出したり、気づくきっかけになった」という言葉をよく聞きます。忙しく仕事をしていると、なかなか振り返る時間がない。でも、その状態が続いていくと、いつの日か「あれ、なんのために仕事していたんだっけ？」と本来の目的を見失ってしまうこともある（これは社員の方に多いかもしれません）。だからこそ、「なんのために生まれた企業なのか」を言葉にしておくことが大切です。

創業のきっかけや、これまでやってきたことを振り返る一方で、「これから」に目を向けることも大事です。自社を取り巻く環境や社会にはどんな課題があるのか。言い換えれば、自社は「社会からどんな要請をされているのか」を考えていく。

すると、志の言語化プロジェクトに参加していた他の方からこんな話も出てきました。

- 日本酒も職人数は減少。消費量が年々下がっている。
- 日本の表玄関である銀座や表参道は海外のブランドばかりで、日本のブランドが前面に出ていない。
- 日本のブランドに内在している問題はどこも構造的には同じ。革製品で世界に打って出られるなら、日本酒など他の分野にも応用できるはず。

もちろん他にもさまざまな意見がありましたが、最終的にこんな「社会の要請（＝ハリズリーが挑むべき社会の課題）」が見えてきました。

●価値あるモノや技術が、情報があふれる社会のなかで埋もれている。これまで伝統産業やモノづくりを担ってきた企業が、経営やマネジメントで課題を抱えている。その結果、伝統技術だけでなく、日本文化そのものの衰退を招いている。
●日本文化の市場が衰退していくことは、日本の豊かな精神性や感性を弱らせ、日本らしさやアイデンティティの喪失につながる（日本人という誇りの喪失）。

どうありたいかを考え抜く

志を言語化するとはどういうことか？
それは、「自分たちがどうありたいか」覚悟を決めることでもある。
クライアントのお手伝いをするなかで、こんな話をすることがあります。たとえば、さきほどお伝えしたような「社会の要請」は、実際に誰かから要請されているわけではありません。この課題に挑めば企業が成長するという保証があるわけでもないし、本当にこんな変化が起きるのかと問われれば、未来を予測するデータがあるわけでもない。そうしたなかで、自分たちはどんな要請に応えていくのか、社会にどう役立っていくのか、使命を決めるのは簡単な作業ではありません。

だから、さまざまな角度から議論していく。これまでの経験で言うと、ミッションを決めるまでに3、4カ月くらいかかることも多いです。「そもそもこんな想いで生まれた会社だから」「こんな考え方を大切にしているから」「自分たちの強みはこれだから」「こういうお客様を大切にしたい、その人にはこんなニーズがあるから」「そのお客様の向こうにはこんな社会課題があるから」と、ひとつずつ丁寧に議論していくと、過去〜現在〜未来が一本の線でつながる瞬間があります。「ああ、そうか、私たちはこれを成し遂げるために存在している会社だったのか」と気づき、「これは一生かけてもやりたい」と心から思えるまで議論し尽くしていく。

ハリズリーではミッションを策定するために、次のような点も議論していました。

SEEDS：ハリズリーらしさ

● モノの見えない価値を見出し、伝える
● 美しい体験やストーリーで人の心を動かす
● 他社や他人が見送る仕事でも使命感で動く
● 戦略においてはトレンドを積極的に取り入れる
● 人の出会いを大切にし、人を見て投資する
● 勇気・誇り・夢を与えられる仕事をする　…など

NEEDS：真の顧客（消費者）

● 文化的で教養が広く、本物の価値やストーリーへの審美眼がある
● 自分なりのこだわりやスタイルを持っている
● 情緒的な人生の豊かさを大切にする　…など

NEEDS：真の顧客（ブランド／投資先・支援先）

● ストーリーがある（歴史や環境への配慮、社会性、つくり方など）
● 時代に合わせたアプローチでモノの価値を転換している

●職人の手仕事で価値を生み出し、認められている　…など

このように見ていくと、ハリズリーはなんのために存在する企業なのか、その軸が見えてきませんか？

ミッション（使命）の骨格を明確にする作業を**ミッションロジック**と呼んでいますが、因果関係をロジック立てていくことで、「私たちは何者なのか」が理解しやすくなります。

ハリズリーのミッションロジックは次のとおりです。

●「本物」と呼ばれるモノには物語がある。しかし今、その価値は危機に直面している。

⬅

●膨大な情報があふれる混沌とした社会のなかで（その価値が埋もれて）、伝統的なモノづくりを担ってきた企業はさまざまな経営課題を抱えている。

⬅

●職人（つくり手）の生業が奪われている。

⬅

●伝統技術や文化の衰退につながり、ひいては国民性やアイデンティティの喪失とい

うネガティブなスパイラルにつながる。

⬇

●そこでハリズリーは、時代に合わせた新しいアプローチでモノの価値を温故創新する。

⬇

●土屋鞄で培ったノウハウと、マーケティング・マネジメント・投資といった経営の知見を活かし、価値観に共感できる企業やブランドと手を組みながら業界の構造を変えていく。

⬇

●それによって、つかい手には本物を持つことの喜びを提供し、つくり手にはモノづくりの誇りをつくる。

こうして言語化されたミッションがこちらです。

ミッション

温故創新で、つかい手も、つくり手も、豊かにする。

ちなみに、温故創新という言葉は造語です。歴史や伝統を訪ねながら、時代に合わせた新しい発想でモノの価値を創造していくことを意味します。こういうキーワードを生み出せると、自社らしさや独自性がはっきりしますが、その分、解釈がぶれないように定義しておく必要もあります。

ミッションが決まったら、次はビジョンを策定していきます。ここでも大切になるのがロジック。ミッションを遂行していくことで、どんな未来が実現できるのか。自社が目指す未来を考えていきます。

まず、ビジョンについては次のようなロジックを考え、ひとつの言葉に集約しました。

- 温故創新することでネガティブな流れを逆転させ、ポジティブなスパイラルに変える。

⬇

- つまり、モノから新しい文化を創出する。

⬇

- つかい手：モノを持つこと、使うことで、「自分らしさが増していく」楽しさ。

つくり手：モノと向き合い創造することが、「自己実現につながっていく」誇りと喜び。

●それぞれの「らしさ」が際立つ未来になっていく。

こうして言語化されたビジョンがこちらです。

ビジョン

モノを通じて〝らしさ〟が際立つ社会。

ミッション、ビジョンが決まったら、バリューを策定していきます。ミッション、ビジョンを遂行していくことで、どんな未来が実現できるのか。そのためにどのような価値を発揮していくのか。自社の「成長のメカニズム」を解き明かしていくような作業です。

ミッション、ビジョンを踏まえたロジックを考え、左の言葉と上の図で表現しました。

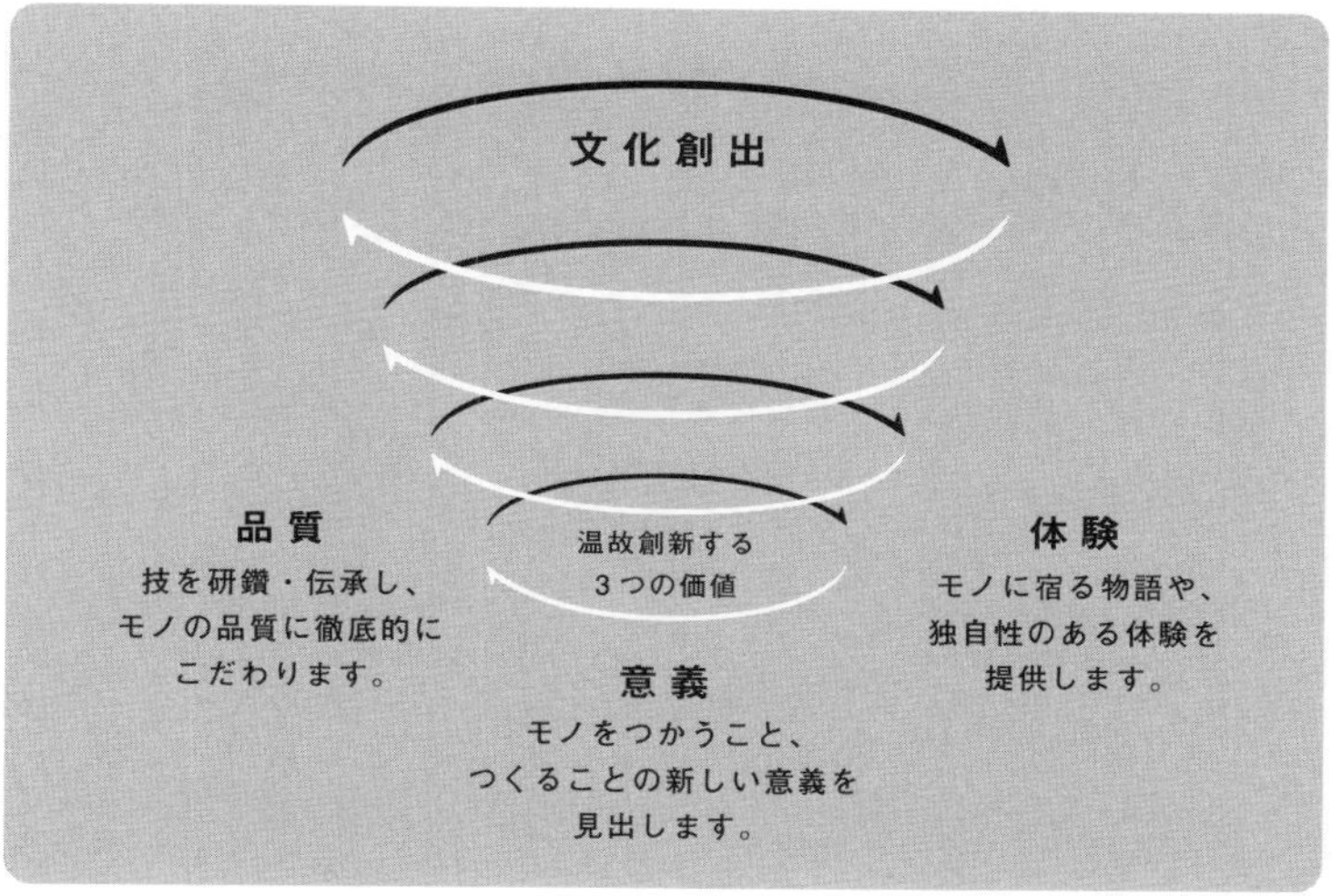
文化創出
品質
技を研鑽・伝承し、
モノの品質に徹底的に
こだわります。
温故創新する
3つの価値
体験
モノに宿る物語や、
独自性のある体験を
提供します。
意義
モノをつかうこと、
つくることの新しい意義を
見出します。

バリュー

私たちは、顧客視点で3つの価値を温故創新することで、新たな文化を創出します。

このロジックのポイントは「文化を創出する」ことですが、ではどうしたら実現できるのか？

　これまで取り組んできたことや強み、自分たちらしさをもとに考えていくと、3つ（品質・意義・体験）のファクターが考えられました。この3つの価値を温故創新していくことで、文化創出のスパイラルが生まれていくのではないかと考えたのです。

最後にストーリーを紹介します。ミッション、ビジョン、バリューといった理念ワードを「バラバラの単語」として覚えるのではなく、ひとつの文章にすることでそのつながりを理解することができます。また、共感性のある言葉でメッセージすることで、ぶれることなく社内外に浸透させやすくなります。

ストーリー

モノは、語る。

「本物」と呼ばれるモノには、物語がある。つくり手の愛情や技が細部に宿り、深い味わいとして、こころに響く価値になる。

遥か昔から、私たちが美しい音楽を奏で、美味しい料理を味わい、美しい物を愛でてきたように。本物とは、昔も今も未来も、人にとって普遍的な豊かさを与えてくれるものだと思うのです。

2000年以上の歴史を持ち文化を紡いできた日本でも、今、その価値は危機に直面しています。膨大な情報があふれる混沌とした社会の中で、伝統的なモノづくりを担ってきた企業は、様々な経営課題を抱え、衰退し、職人の生業が奪われていく。それは伝統技術や文化の衰退、ひいては国民性やアイデンティティの損失というネガティブなスパイラルへとつながっていきます。

私たちハリズリーは歴史や伝統を大切にしながら、時代にあわせた新しいアプローチで、モノづくりの本来の価値を届けていきます。

半世紀以上、土屋鞄というブランドを通じてモノの価値を温故創新してきたノウハウ。さらにマーケティングやマネジメント、投資といった経営の知見を活かし、価値観に共感できる企業やブランドと手を組みながら、業界の構造を変えていく。

つかい手には、物を持つこと、つかうことで、自分らしさが増していく楽しさを。つくり手には、物と向き合い創造することが、自己実現につながっていく誇りと喜びを。世の中に、物を通じて語ることで、人や文化がよりいっそう際立つ未来をかたちにしていきます。

自分たちらしく、かつグループ全体にシナジーを生み出すためには

次は土屋鞄製造所を見ていきます。ホールディングス会社（親会社）であるハリズリーと事業会社（子会社）の違い、関係性をどう定義していくかがポイントです。

ところで、志を言語化すべきなのはどのようなタイミングだと思いますか？

大きくは4つあります。**創業期、拡大期、変革期、承継期**です。

創業期は、その言葉のとおりスタートアップやアーリーフェーズなど初期のころです。事業がどう成長していくのか見えない部分も多く、変化も多い時期はビジョンやバリューなどは定めず、志のコアであるミッションだけを定めるという会社もあります。

拡大期は、社員数が増えたり拠点や店舗数が増えたりと、企業が成長していくタイミングです。社員数がぐんと増えた結果、「自分たちの大切にしてきたことが薄れてきている」「新しい社員に浸透しなくなっている」、そんな悩みを抱くことも多くなります。一方で、「これから一気に拡大していくので、その前に地固めをしておきたい」という狙いから、

自分たちが大切にしてきたことを整え直す場合もあります。

変革期は、組織の改革や方向転換が必要なときです。また、企業の新しい柱になるような新規事業を生み出していくタイミングも含まれます。大きく変わろうとしているときだからこそ、「変えるべきところ」と「変えてはいけないところ」を明確にする必要があります。

承継期は、事業承継のタイミング、つまり次の経営者へとバトンタッチするときです。前経営者がこれまで大切にしてきたことを受け継ぎつつ、その想いに新しい経営陣の想いもミックスしていく。そうやって継ぎ足して深みを増す秘伝のタレのように想いを継承していきます。


土屋鞄製造所の場合はちょうど拡大期でした。組織が大きくなり、店舗も増え、新しい社員も増えてきた。社員の話を聞いてみると、「土屋らしさ」が一人ひとり微妙に違う。海外展開も含めて、これからさらに成長させていくタイミングだからこそ、共通言語化しておく必要があったのです。

実はこれまで同社は、あえて「土屋らしさ」を定義してこなかったそうです。いわば、わびさびのようなもの。販売のコミュニケーションをとるときも、間接的にモノで伝えるようにしていました。たとえば、「創業者、土屋國男の道具箱には創業時から使っていた革包丁が今も大切にしまわれています」と伝えることで、「道具を大切にする会社なら、きっといいモノづくりをするだろう」とお客様に想像していただく。

こうした間接的な伝え方自体も土屋らしさであり、あえて定義しないことで、社員が「土屋らしさってこういうことだろう」と考えるようになる。しかし一方で、さきほどお伝えしたようなタイミングでは、土屋鞄製造所の目的、つまり向かっていく先を明確にする必要がありました。

「日本が世界に誇るブランド」を次のステージとして本気で目指す。そのために組織が一丸となれる旗印をつくるプロジェクトでした。そこで、これまでバラバラにブランド展開してきた「ランドセル」「KABAN」という2大事業を包括するマスターブランドとして、志を言語化することにしたのです。

この事例では、志のコアとなるミッション、ビジョンのほか、ホールディングス（ハリズリー）では設定しなかったスピリットについて、その策定プロセスを紹介します。

ホールディングスと事業会社の関係性を踏まえて体系化する

土屋鞄製造所が成長していくことでホールディングスも成長し、グループ全体の志が実現していく。そういう構造がちゃんとできあがっているかどうか、相乗効果を踏まえた体系を整理することが重要です。そこで、言語化の前提として、次ページの図のような「問い」を設計しました。

また、言語化にあたって代表取締役社長の土屋氏を含む役員などの経営陣や社員10名で、プロジェクトチームを結成。さまざまな部署を横断する形でメンバーを集め、議論を進めました。

もしも自社で実施する場合は、土屋鞄製造所のように社内のメンバーを巻き込むことがおすすめです。策定に関わったメンバーは、言葉に対する所有感が生まれ、背景となるストーリーを語ることができます。社内に浸透させていくときに、きっとそのメンバーたちが「伝道師」として活躍してくれるでしょう。

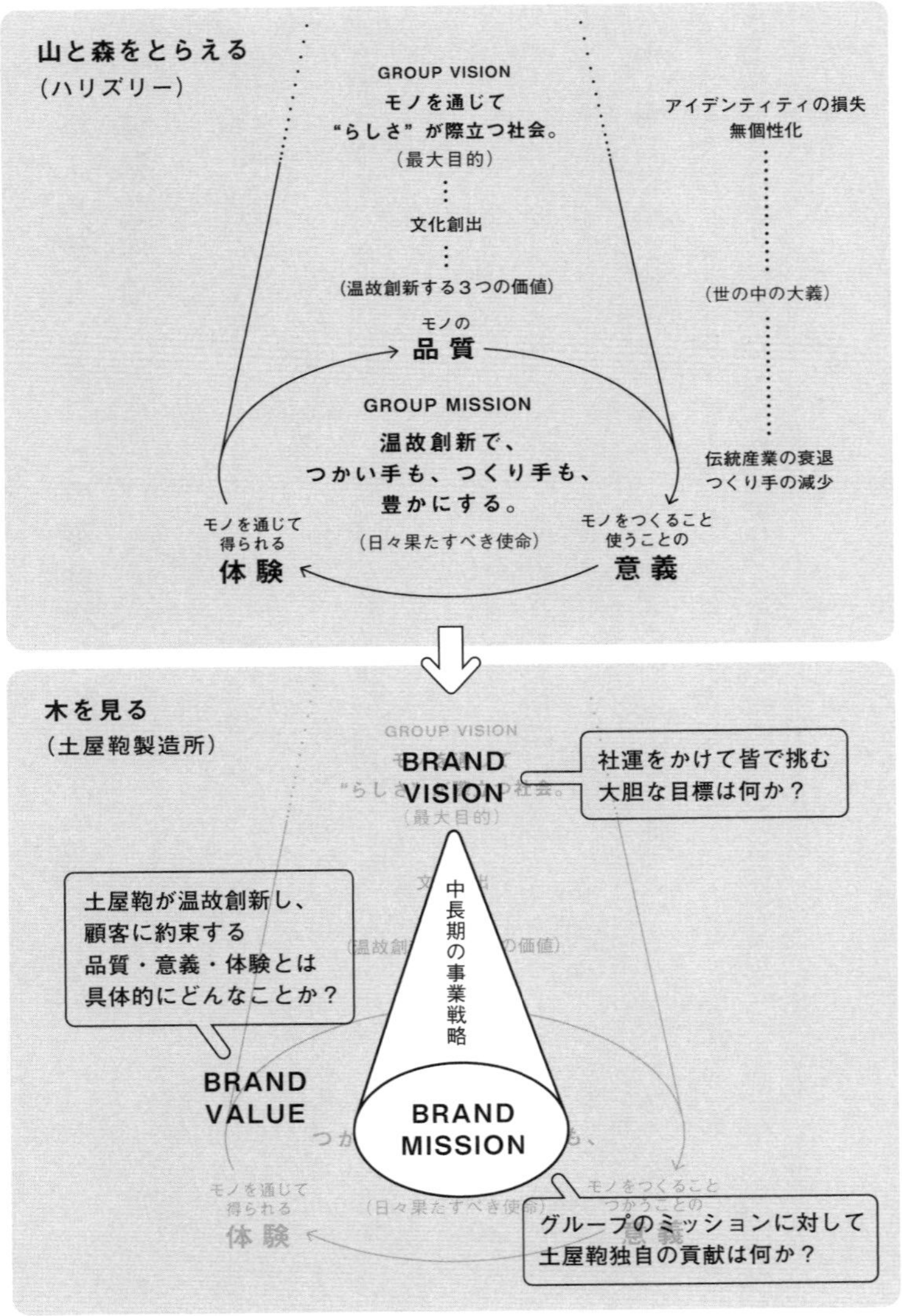
山と森をとらえる
（ハリズリー）
GROUP VISION
モノを通じて
“らしさ”が際立つ社会。
（最大目的）
文化創出
（温故創新する３つの価値）
アイデンティティの損失
無個性化
（世の中の大義）
伝統産業の衰退
つくり手の減少
モノの
品質
GROUP MISSION
温故創新で、
つかい手も、つくり手も、
豊かにする。
（日々果たすべき使命）
モノを通じて
得られる
体験
モノをつくること
使うことの
意義
木を見る
（土屋鞄製造所）
BRAND
VISION
社運をかけて皆で挑む
大胆な目標は何か？
中長期の事業戦略
土屋鞄が温故創新し、
顧客に約束する
品質・意義・体験とは
具体的にどんなことか？
BRAND
VALUE
BRAND
MISSION
グループのミッションに対して
土屋鞄独自の貢献は何か？

クレイジーさ、
つまりどんな尖りをつくるのか

志とは「自社ならではの社会への役立ち方」である、ということを「はじめに」でお話しさせていただきました。「自社ならでは」ですから、差別性や卓越性につながるかという点も重要です。その志をもとに経営をしていった結果、他のどの企業とも違う、自社にしかできない強みを発揮し、差別化された存在になれるかどうか。

もちろん、世界には数えきれないほどの企業がありますから、自社にしかできないかどうかなんて証明することはできません。だから、「これはきっと自社ならでは」だと心から思えるまで議論しつくしたかどうかが大切になってきます。

土屋鞄製造所では、「ラグジュアリーとは何か?」「土屋らしいクレイジーとは?」という議論がそのヒントになっていきました。

もともと同社には、世界に誇る日本発の「ラグジュアリーブランド」になるという想いがあり、社内でもたびたび「ラグジュアリー」という言葉が使われていました（ちなみに現在は使われていません。その理由は後述します）。

そこで、ラグジュアリーとは何かを明確にすることからプロジェクトが始まったのですが、こんな意見がありました。

- **日本の車は高品質だが、買えるならフェラーリを買う。自分自身の自己実現欲求が満たされるから。**
- **ラグジュアリーとは唯一無二の世界。独特の付加価値を持っているもの。フェラーリはラグジュアリー。**
- **ラグジュアリーに必要な要素は「何かに対して異常な執着心を持ち、不必要なまでに掘り下げる」こと。**

つまり、ラグジュアリーとして世界から認識されるためには「尖り」が必要で、それは異常なまでに特出したクレイジーな「何か」である。そのクレイジーさは日常において不要かもしれないが、精神的な豊かさをもたらすものであり、それこそが唯一無二の世界観をつくるという気づきでした。

では、土屋らしいクレイジーとは何か？

それを突き詰めると2つの意見が出てきました。

●業界の慣例や常識、時代感に従わない。

●目には見えないモノづくりの過程や背景にこだわる。

たとえば、「ランドセル＝光沢のあるデザイン」が主流だったころ、業界に先駆けてちゃんとした皮職人が手づくりして、大人も美しいと思えるような艶のないランドセルをつくったのが土屋鞄製造所でした。常識にとらわれず、普遍的なモノづくりをすることは同社のこだわりです。

また、見えない部分まで手を抜かず、細部まで美しさや丈夫さにこだわったり、修理のサービスも徹底している。これは、土屋氏のお父様のときから大切にしていること。さらに、ランドセルを6年間使った後、土屋鞄製造所にお願いすると、小さなランドセルにつくり直してくれる。そこにはモノを長く愛して使ってほしいという想いや、商品を単なるモノとして扱わず、思い出や記憶が積み重なっていくものだと考えている姿勢があります。

そんなことを議論していくなかで見えてきたのが、**「時を超えて愛される価値をつくる。」**こと。これを土屋鞄製造所のミッション（グループミッションに対する土屋鞄独自の貢献）に決めました。

次は、ビジョンが生まれるまでのプロセスについて紹介します。

実は、ここでも論点になったのが、「ラグジュアリー」という言葉。そもそも日本語ではないためしっくりこない。ラグジュアリーとは何かを学べば学ぶほど腑に落ちない。「日本発」のブランドになろうとしている土屋鞄ならではの、自分たちらしい定義をすべきではないか。

そうしてたどり着いた答えは、「丁寧という日本の精神性」でした。本来、ラグジュアリーとは西洋文化の言葉。貴族の暮らしに憧れた中流階級が、その暮らしを追体験するために生まれたもの。対して、日本のラグジュアリーは庶民の生活から生まれたもの。何気ない日常のなかに価値を見出し、人やモノを大切にしながら一日一日を過ごすこと。そういう庶民の暮らしの最高峰こそが「日本発のラグジュアリー」であり、それを表す言葉が「丁寧」だ、と考えたのです。

一方で、「丁寧」に関する解釈は、日本人のなかでもバラバラなんじゃないかという想いもありました。「丁寧な暮らし」という言葉がかつて流行りましたが、メディアがつくりあげたイメージが本当に「丁寧」なのか。共感できるところもあるし、自分は違うと思うところもある。そんな話がプロジェクトメンバーから出てくるなかで、世の中が持っている「丁寧」のイメージをあえて切り崩し、土屋鞄らしい「丁寧」の考え方を発信していくことが必要ではないだろうか。それは、あらためて「丁寧」という文化を世界に創出していくことと言えます。

そうして生まれたビジョンが、**「人とものと時間を大切にする、日本の『丁寧』を世界へ。」**。

こうやって独自の考え方を発信していくことは、その行動の積み重ねが差別性につながるので大切です。

最後は、スピリットについてお話ししましょう。

ここまでの振り返りになりますが、「丁寧」こそが「日本発のラグジュアリー」であり、ラグジュアリーとして世界に認識されるためには「クレイジーさ」が必要である、というプロセスを経てきました。

では、そのラグジュアリーを生み出している源泉は何かというと、それは社員です。そこで、「私たちはどんな行動に対してクレイジーであるべきか」という視点を大切にしながら議論を進めました。

土屋鞄製造所の場合、お客様の気持ちを想像する力や常識に縛られずに発想すること、個性を活かし合うことなど10種類程度のカテゴリーが抽出されました。

そのなかで特に優先順位が高い上位概念として、「夢やロマン、ワクワクする未来に対する情熱」と、「提供価値や専門性に対する徹底的な追求心」があげられました。

つまり、この「情熱」と「追求」こそが、一人ひとりがクレイジーなほどに行動すべき指針であると気づいたのです。そして、この2つをブレイクダウンした行動として、具体的な内容を次の7つに絞りました。

スピリット

クレイジーなほどの情熱と追求。

【お客さま想像力】製品やサービスの先の、お客さまの気持ちまで想像する

【まずはカタチに】変化を楽しみ、スピード感を持ってやってみる

【常識破り】固定観念に縛られず、自由な発想で突き抜ける
【学びにもプロ意識】プロとして、感度高く、日常的に学び続ける
【ギブそしてギブ】相手に積極的に貢献し、相手も自分も幸せにする
【個性をチカラに】お互いの独自性を承認し、強みを活かし合う
【ちゃんと感謝】心からのありがとうを、何度でも伝え続ける

社員一人ひとりがこの7つのスピリットを大切にしながら、自分なりの夢やロマンに情熱を燃やし、追求することでミッションの実現に貢献します。

スピリットは社員育成の指針でもあります。自社の仲間としてどんな人材であってほしいか、どんな人に成長してほしいかという願いを込めてつくります。そのため、「これまで自分たちが大切にしてきた行動・考え方は何か?」という視点はもちろん、「社員をマネジメントする際に、もっとこういう行動・考え方をしたらいいのでは?」という課題感を整理することが大事なポイントです。

大切にすべき価値観と
社会への貢献の仕方が、
独自の志として明文化されている。

Chapter

1 | 志を言語化する

2 | 志を実践する

3 | 叶え合う組織にする

4 | 独自の価値を創造する

5 | 志に紐づいて事業展開する

6 | 志でファンをつくる

7 | 志で未来をひらく

「額縁理念」になっていないか

仕事柄、さまざまな社長や社員にお話しをうかがう機会があります。

そうしたなかで、はじめてお会いした社長に「御社は○○という理念を掲げていますが、事業にどう活かしていますか？」と聞くと、少し困ったような顔で「理念はあるのですが、現場にはちゃんと浸透できていなくて……」と悩みを相談されることがあります。

一方で、社員の方に「日々、どのように理念を意識していますか？」と聞くと、「理念はもちろん知っていますが、それをどう仕事に活かせばいいのか、うまく結びつけられていません……」と打ち明けられることもあります。

せっかく素晴らしい理念があっても、機能していない。いわば、「額縁に飾られているだけ」の状態になっている。その背景には、**「理念と戦略、そして現場の行動が分断されている」**という問題があります。

言うまでもなく、理念は額に入れて飾るものではありません。実践するものであり、実現していくものです。もちろん、一朝一夕で叶うものではないでしょうし、終わりなき旅路です。でも、追い求めることに意味があります。

逆に、どんなに心を揺さぶるようなワクワクする志でも、行動しなければ存在しないのと同じこと。言行一致。それこそが志経営においてはなによりも重要です。

Chapter1では、志を言語化するフェーズについてお話ししましたが、この章では言語化した志をいかに経営の隅々にまでゆきわたらせ、実践するかということについてお話しします。

志を実践する組織とはどのような組織か。それを実現するためにはどうしたらいいのか。そういったことをお伝えしたうえで、最後に具体的な事例を紹介します。

あらゆる局面で志が判断基準になっているか

こんなシーンを想像してみてください。

ある企業の会議室。月に一度、経営メンバーが集まって開催される「経営会議」。はじめに社長から話があり、各セクションリーダーからの報告が続きます。次の報告者は、新規事業を立ち上げるために、最近ヘッドハントされた期待の若手リーダーです。彼はこれまで何度も綿密な調査を行い、プランを練り上げてきました。「今、私が考えている新規事業は、我が社の強みを存分に活かすことができ、かつ大きな収益が見込めます。不退転の覚悟で臨みますので、ぜひご承認ください」

同社の既存事業は、プロダクトライフサイクルでいえば成熟期から衰退期に入っており、次なる事業を育てることは重要課題でした。そういった状況を理解したうえで、彼は次世代の主幹事業に育てられそうな、ポテンシャルの高い新規事業を提案したのです。たしかに彼が提案するプランは、自分たちが培ってきた強みを活かして大きな収益も見込めそうです。

しかし、会議室にはなんとも言えない空気が漂っていました。なぜなら、彼のプランには唯一といっていい欠点がありました。それは「自社の志に沿っていない」こと。ビジネスとしては儲かりそうだが、自分たちの志とはずれている。この事業を推進したとして、果たして自社の志は実現するのか。

もしもあなたが同社の経営者だったら、どのような判断をしますか?

ここではあえて「新規事業」というわかりやすい例をあげましたが、他のセクションについても同じことが言えます。事業と組織にまつわるあらゆる経営判断が、「志の実現に近づくかどうか」「志に照らし合わせたときにやるべきことかどうか」という軸で判断されているか。それは、言行一致の志経営にとってなによりも重要なことです。

次に、同じ企業の現場を見てみましょう。お客様を前に、なにやらそわそわした新入社員がいます。彼は、どうやら一人のお客様の接客に時間を割きすぎているんじゃないかと不安になっているようです。一度バックヤードに下がり、そこにいた上司にこう相談します。

「こんな接客でいいのでしょうか。回転率を上げないと、うちの商売的に厳しいんじゃないでしょうか」

とても優秀な新入社員ですね。

あなたが彼の上司だとしたら、どう答えるでしょうか。

たとえば、こんな答え。

「うちの会社のミッションを思い出そう。『お客様の想いに寄り添い、豊かな時間と幸せを提供する』だよね。だとしたら、この場、この瞬間は、どう対応するのが正解か。自分の頭で考えて行動してみよう」

これを聞いた新入社員はすぐにお客様のもとに戻り、悩みや要望に真摯に耳を傾け、解決するための商品を提案していきます。その後も会話は続きましたが、しばらくするとお客様も満足したのか、おすすめされた商品の購入を決め、帰り際には「また来るから、そのときはよろしくね」と声をかけてくれたようです。

もしもこのとき、目先の目標数字に目がくらみ、「一人にどれだけ時間をかけてるんだ！」などと叱責するような態度をとっていたら、どうなっていたでしょうか。無下にされたお客様は二度と来ないかもしれないし、新入社員も「理念で言っていることと上司が言っていることが違う」と感じ、組織に不信感を抱くかもしれません。

このように、組織のどのレイヤーをとってみても理念がゆきわたり、日常的に一人ひとりの判断基準になっていること。それを実践することが当たり前の状態になっていること。それが志経営です。そのためには、強制的にではなく、あくまでも自然と社員一人ひとりの心のうちに、いつも理念がある状態をつくる必要があります。

組織全体が経営者ではなく、志を見て行動する

こんな創業経営者がいたとします。

自分の志をもとに会社を立ち上げ、長い年月をかけて順調に成長させてきた。いくつもの苦難とたくさんの失敗を乗り越えて今がある。だからこそ、自分の判断には絶対の自信があるし、これからも自分についてくれれば大丈夫だ……。

一方、そんな経営者に対して社員はどう思っているかというと、長年第一線で成長を牽引してきたことに対して多大なる敬意を持っており、それゆえにフラットな意見交換は難しいし、経営者の意見に進言するなんて遠慮してしまう……。

たとえば、このような経営者がいる会社では、社員は経営者を見て仕事をしてしまう傾向があるようです。

創業期から成長期に差しかかるタイミングであれば、そうしたトップダウンの組織体制がいい場合も少なからずあります。特に創業期は、スピーディな経営判断が求められる局面の連続です。事業内容によっては、一瞬の判断の遅れが大きな機会損失につながる危険性もあるでしょう。そういった場合は、経営者が船頭となり、全社員を導いていくことがその後の成長につながるかもしれません。

しかし、これには問題もあります。「次期経営陣が育ちにくい」ということです。経営者はたった一人、あるいは数名の仲間とともに会社を立ち上げ、想像もおよばないほど多くの成功と失敗のなかで、独自の意思決定の基準を養ってきたはずです。

会社が今あるのは、経営者の優れた判断の積み重ねがあってこそ。一方で、そのような組織では重大な経営判断の機会が経営者に偏るため、結果的に次期経営陣が育ちにくい状態に陥ってしまうのです。

経営者が元気でいるうちはいいのですが、問題はいなくなったとき。途端に組織全体が船頭を失い、迷子のようになってしまうことです。

そのような状況を避けるためには、**「組織全体が経営者ではなく、志を見て行動する状態」をつくる**必要があります。**経営者も「志のもとに集う構成要素のひとつ」**として、同じ志を見る組織です。

社員一人ひとりが会社の価値観を理解し、志を共有し、経営意識を持つこと。全員が志を見据えた経営ができれば、時代の流れとともに経営者が変わったとしても、経営がぶれるリスクは軽減されるはずです。

企業活動の全方位に理念をゆきわたらせているか

志を実践し、実現に向かうためには、いかに**事業と組織の両面において、どこを切り取っても志ドリブンの状態をつくれるかがポイント**になります。志を掲げる以上、事業はそれ自体がちゃんと志の実現につながっていること、そして組織は志を実践するために最適化されたものになっていることが重要です。

たとえば営業・販売はお客様にサービスを提供する場面で、しっかりと理念に沿った行動をとれているか。広報が世の中に出す情報は理念に反していないか。組織構造や運営の方針、仕組みはちゃんと理念と整合性がとれているか。採用活動では理念に共感する人材を集められているか。

自社の組織を点検し、改善の余地がある場合は言行一致に近づくチャンスです。

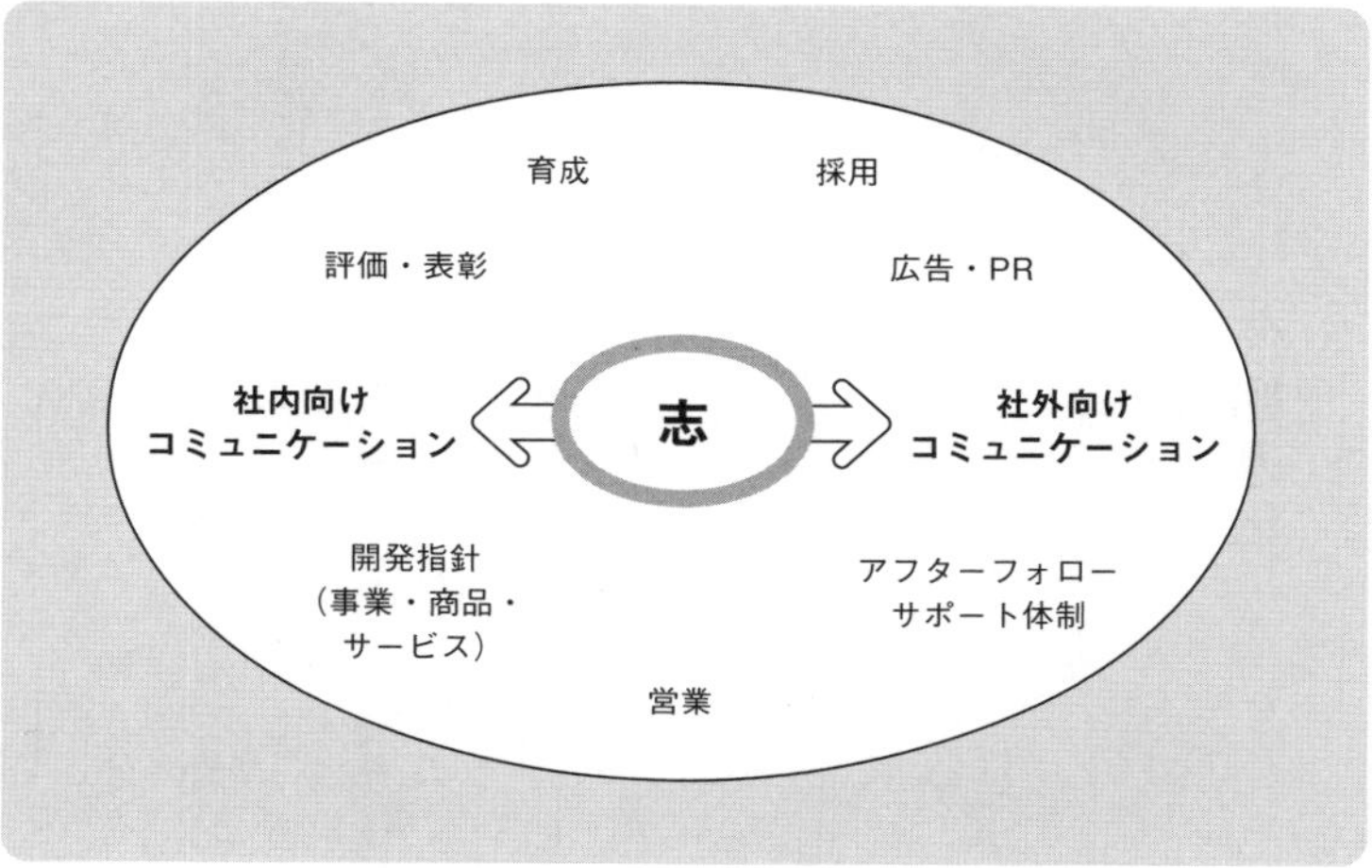

「少しくらいなら大丈夫だろう」と思われるかもしれませんが、今の時代、小さな綻びが気づけば修復不可能な大きなものになりかねません。真に言行一致を図るためには、あらゆる企業活動の細部にまで理念をゆきわたらせる必要があります。

では、そのためには何が必要なのか。

言語化・仕組み化・習慣化で言行一致の状態をつくる

大前提として、「理念と経営の言行一致」は終わりなき旅路です。

やっとの思いでゴールにたどり着いたと思ったら、その奥にさらに高い山がそびえている。ため息をつきたくなるような状況ですが、それでも毎日ワクワクしながら、自分たちが掲げた理想に向かって一歩一歩地道に進んでいる企業があります。そういった企業を分析していくと、決まってひとつのフレームワークを実践しているのです。それが、理念を経営全体に落とし込むためのステップを表現した**「言語化・仕組み化・習慣化」**です。

それでは、ステップごとに詳細を見ていきましょう。

ステップ1 ―― 言語化

前提として、社員全員の旗印となるべきものが言語化されている必要があります。「理念」はもちろんのこと、理念をより現場向けにブレイクダウンした**「マネジメントポリシー」**などがそれにあたります。ポリシーとは方針・指針を意味し、一般的には「人材(財)マネジメントポリシー」といった形をとることも多いです(このポリシーについてはのちほど詳しく説明します)。

ステップ2 ―― 仕組み化

理念を経営活動全体にゆきわたらせるためには、体現するために必要な仕組みをあらゆる局面に仕込んでいく必要があります。

たとえば事業側の仕組みとしては、営業ツールや顧客応対マニュアル、商品開発、あるいは商品を世の中に出す際に、それが理念を体現しているかどうかを確認するチェック項目や、実践・実現するための事業を起案する新規事業立案制度などがあるでしょう。

理念を社外に伝えていくためのコーポレートサイトや、コンセプトブックのようなものも仕組みと言えるかもしれません。ただしその場合は、運用方法も含めて考えたほうがいいでしょう。

組織側の仕組みとしては、評価制度や表彰制度、研修制度、目標管理制度、異動に関する公募制度などがあげられるでしょう。

たとえば評価制度や表彰制度は、成果だけでなくプロセスも評価しているかどうかという点が重要です。理念に基づいた行動はちゃんと評価する。一方で、どれだけ成果が上がっていても、理念に沿っていない場合は評価しない。つまり、**理念を実践している人が自然と評価される制度になっていること**が大切です。すると、自社の志に貢献する流れが自然とできてきます。

メディアでも多く取り上げられているMinimal - Bean to Bar Chocolate -（ミニマル）というチョコレートブランドがあります。

「日本発の世界で誇れるモノづくり」「チョコレートを新しくする」という志を掲げ、カカオ豆の買い付けから職人の手仕事によるチョコレートの製造・販売を手掛けています。同社のチョコレートはカカオと砂糖だけ。カカオの美味しさを伝え、その可能性を広げ価値を高めていく。口にする人を笑顔にするだけでなく、適正な取引を行うことで海外の生産者も笑顔にしていく。三方よしを実現するために、彼らはその想いやストーリーをお客様に伝えていくことをとても大切

Minimalのチョコレート

にしています。

そんなMinimalの店舗では、「いかにたくさん試食してもらえたか」「いかに接客時間を長くできたか」が重要視されています。なぜならそういった体験を通じて、想いやストーリーを伝えていくことができるからです。Minimalのチョコレートには、ひとつひとつにストーリーがあります。試食を通じて、ひとつでも多くのストーリーを一人でも多くの人に伝えていくことが大切なのです。そして重要なことは、それを実際に実行しているスタッフが、しっかり評価される仕組みになっていることです。

ビジネスの基本で考えれば、回転率が高いほうがいいかもしれません。試食ばかりでは原価がかかるし、長く滞在し、スタッフと長くおしゃべりされるよりも、回転率を上げ、たくさんのお客様を相手にしたほうが売上、利益も上がりますから。けれど、Minimalではあくまでも「想いやストーリーを伝える」という行動を評価する。なぜなら、それがMinimalの志の実現のために必要だからです。

もし同社で、志や経営者の思いとして、「しっかりとストーリーを伝えてほしい」と願っておきながら、実際の評価では回転率を評価していたら？ 社員は当然評価される行動をとるので、理念とは違った方向に進んでしまうことになるでしょう。

理念と仕組みの整合性とは、まさにこのようなことを指しています。

ステップ3　習慣化

「うちでは、いろんな仕組みが生まれては気づくと消えているんです……」

こんな話をお客様から聞くこともあります。

言うまでもなく、仕組みは運用されてこそ意味がある。しかも**一定期間のみの運用ではなく、習慣になるまで日々試行錯誤しながら続けていくこと**が重要です。

しかし、組織にひとつの習慣をつくるのはなかなか大変なことです。

私の会社では「フィードバックし合う組織」を掲げてさまざまな取り組みを行いましたが、習慣として全社に根づくまでには数年かかったと思います。当初はみんなどことなくぎこちなかったのですが、繰り返し必要性を説明したり、打ち合わせの最後には必ず「5分間フィードバック」することをルール化したりすることで、少しずつ当たり前になってきました。

フィードバックひとつとってもそのくらいの手間と時間がかかるのですから、理念の実践を習慣化するのはとても根気のいる作業です。そのための仕組みをいくつか紹介すると、たとえば「志を体現した仕事」を定期的に共有する場をつくったり、日々の仕事のなかに

「理念に触れる時間」をつくったり。他にも定期的な1on1の面談を通じて評価制度のプロセス部分（＝志を実践しているか）をチェックしたり、定期的な部会やチーム会を行っている場合は、理念に沿った行動や理念についての考えを共有する時間をとったりするのも効果的です。もし日報を書いているのであれば、部下の日報を見るたびに「ここはうちの理念に合っている」とフィードバックするのもいいでしょう。

さて、「定期的」と繰り返しましたが、まさに**意図的に、定期的に行うこと**が大切です。仕組みは習慣化されることで、やがて企業独自のカルチャーへと育っていきます。

理念の実現を加速する独自のカルチャーをつくる

理念を実践し実現するのは、人であり、組織です。では、理念を掲げたらすぐに人が変わり組織が変わるかというと、そう簡単な話ではありません。

その鍵を握るものこそ、「習慣化」の最後に触れた**「独自のカルチャー」**です。カルチャーは、人をあるべき方向に自然な形で動かすための強力な仕組みです。もし狙いどおりのカルチャーをつくることができたとしたら、目指す方向に向けた組織力を自然と生み出していくことができます。それは事業を推進する力になり、結果、理念も実現していくことになるはずです。そのためにも、理念を実践し、実現するために必要な組織像、カルチャーを規定したうえで、組織を戦略的に変えていく必要があります。

それを可能にするのが、さきほど「言語化」のところで少しだけ触れた「マネジメントポリシー」です。一般的にマネジメントポリシーとは、その企業が「事業や組織をどのような方針でマネジメントするか」を明確に言語化したものと言えます。その一例が「人材(財)ポリシー」や「HRマネジメントポリシー」といった人材領域のもので、主に組織や人材に関わる6つの要素、「採用」「育成」「評価」「配置」「報酬」「退出」に関してポリシーをまとめることが多いようです。

ですが、それはあくまでも一般論。私たちはマネジメントポリシーを**「理念と現実をつなぎ、理念の実現を可能にするカルチャーを育むもの」**であると考えます。

マネジメントポリシーには「事業ポリシー」と「組織ポリシー」があります。事業ポリシーは、たとえば事業・商品開発ポリシー、製造ポリシー、営業・販売ポリシーなど、事業のバリューチェーンに沿って必要なファンクション(機能)ごとにポリシーを策定するのが理想です。

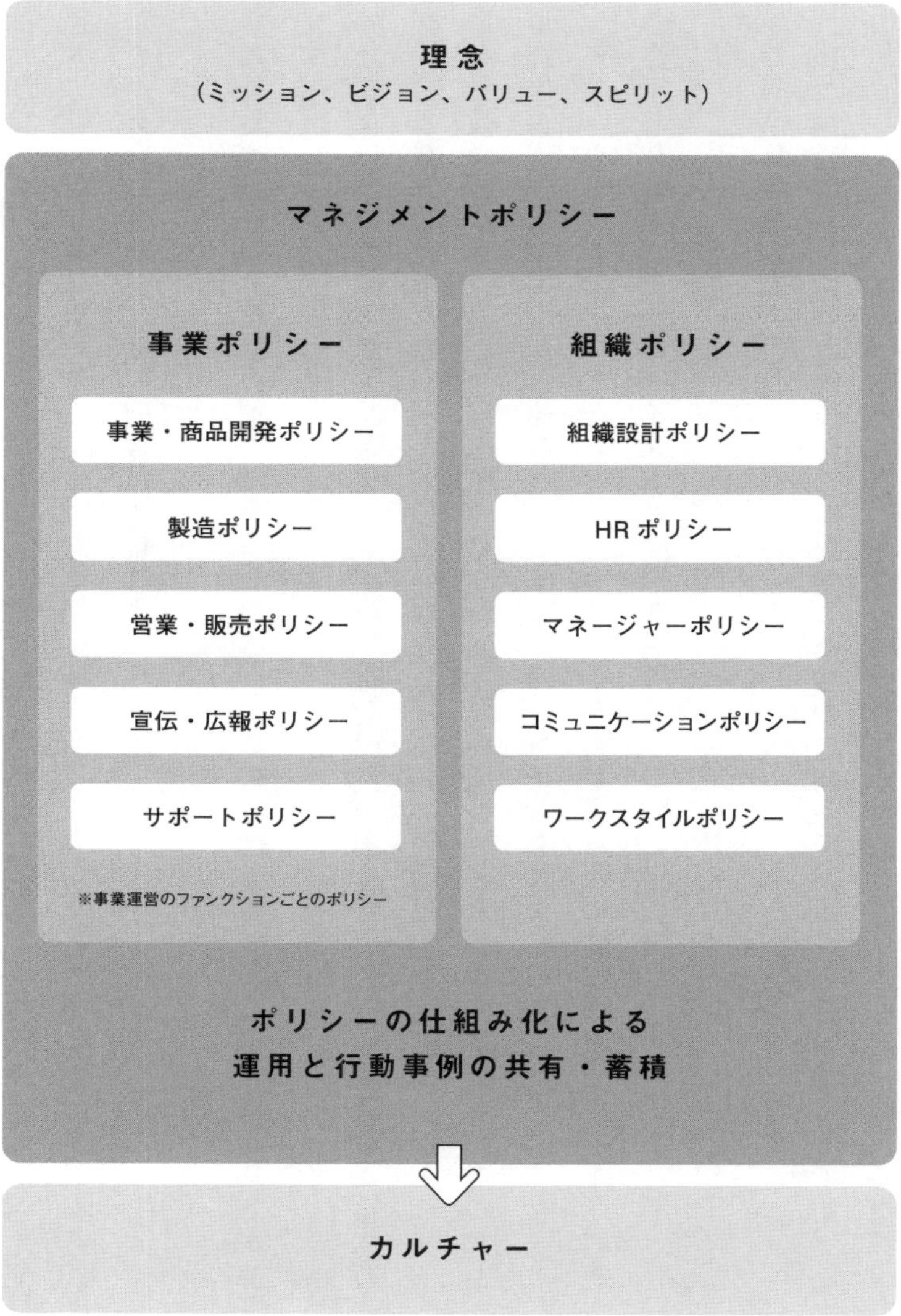
理念
（ミッション、ビジョン、バリュー、スピリット）
マネジメントポリシー
事業ポリシー
事業・商品開発ポリシー
製造ポリシー
営業・販売ポリシー
宣伝・広報ポリシー
サポートポリシー
※事業運営のファンクションごとのポリシー
組織ポリシー
組織設計ポリシー
HR ポリシー
マネージャーポリシー
コミュニケーションポリシー
ワークスタイルポリシー
ポリシーの仕組み化による
運用と行動事例の共有・蓄積
カルチャー

一方で、組織ポリシーのなかには、組織の設計思想を言語化した組織設計ポリシーやHRポリシーなどがあります。会社によってはコミュニケーションやワークスタイルに言及している場合もあり、その内容は企業によって千差万別です。

ただし、内容こそ千差万別ではあるものの、そこには押さえておくべきポイントがあります。

なぜならマネジメントポリシーは「組織の羅針盤」であるため、その羅針盤が指す方向が社員の共感を得られる方向を向いていなければ、いい組織は実現できないからです。もしも間違った方向に向かって組織づくりが進んでしまい、結果として事業成長のスピードが鈍化し、理念の実現から遠のいてしまっては元も子もありません。

そういったことを避けるためにも、ポリシーを策定する際に2つのポイントを意識する必要があります。2つのポイントは次のとおりです。

①DNAに根ざした差別性

ひとつめは、ポリシーがDNAに根ざしたものになっているか、ということです。

企業にはそれぞれの歴史があり、そこにはDNAレベルで刻み込まれ、現在の組織風土を形成している独自の原理原則があるはずです。マネジメントポリシーを考えていく際には、これまでの重要な意思決定のプロセスや成功体験を振り返り、資産として棚卸ししながらその裏側にある「成功のメカニズム」を明らかにし、意図的に練り込んでいく必要があります。

②競争優位につながる卓越性

2つめは、そのポリシーで事業や組織をマネジメントすることによって強みに磨きがかかる設計になっているか、ということです。

組織は事業以上に模倣が難しく、それゆえに強い組織文化を醸成できれば、決して他社には真似できない大きな競争優位性につながります。そこで、何をどのようにマネジメントすると企業の卓越性が磨かれ、理念の実現に近づくかという問いに向き合い、そこから逆算してポリシーを策定する必要があります。

この2つのポイントを踏まえたポリシーによって組織をマネジメントすること。それによって独自のカルチャーを育むこと。それができると社員一人ひとりが自ら判断し、自律的に動く組織になっていきます。なぜなら、マネジメントポリシーはそれぞれの現場での意思決定や状況判断の軸となるものであり、いわば一種の法律のようなものだからです。言い方を変えれば、社員はそれにしたがって意思決定し、行動する限り、理念の実現に向けて行動できているということを意味します。

ここまで「志を実践する」をテーマにさまざまな角度からお話ししましたが、ここからは「英知を尽くして『生きる』を看る。」というミッションを掲げ、医療業界の難題に取り組むソフィアメディの事例を紹介します。

英知を尽くして「生きる」を看る。

「きみが訪問してくれる限り、頑張って生きていくよ」
「冗談を言い合えるあなたの存在が私の薬になってるんだ」

東京都内を中心に、全国82カ所（２０２２年11月現在）で訪問看護ステーションを運営するソフィアメディの現場では、日々こういった声がたくさん生まれています。

１９９２年に日本ではじめて訪問看護の制度ができてから30年以上が経ちましたが、まだまだ一般的な認知度は高くありません。

２００２年に創業したソフィアメディは、訪問看護の世界で20年以上の実績を持つパイオニア企業です。現在は訪問看護のほか、リハビリ重視型デイサービスや居宅介護支援事業所の運営など、医療・福祉関連の事業を幅広く展開しています。

社名にあるソフィアとはギリシャ語で「英知」を意味しており、そこには自分たちが持つすべての知識や経験、想いを注ぎ込み、お客様の人生を看るという強い意思が込められています。

そんなソフィアメディは、「英知を尽くして『生きる』を看る。」というミッションを掲げています。そこには、人はみな「病人」や「患者」である前に一人の人間であり、それぞれにその人だけの役割、生活、人生がある。だからこそ、病気ではなく「生きる」を看ることで、最期の瞬間まで心満たされた日々を送っていただきたいという願いが込められています。

また、「安心であたたかな在宅療養を日本中にゆきわたらせ、ひとりでも多くの方に、こころから満たされた人生を。」というビジョンを掲げていますが、その背景にはシビアな未来予測があります。

現代の日本は、世界に先駆けて超高齢社会に突入しています。それはつまり、社会に死があふれる「多死社会」であることを意味します。高齢者が増える一方で、労働人口は減っていく。当然、医療現場にも影響します。このままいけば2040年には約49万人もの人が、終末期ケアを受けられずに亡くなる可能性も示唆されています。

そのような状況のなか、在宅療養や訪問看護という選択肢はまだまだ浸透しておらず、「ホームヘルパーは何をしてくれるかわかるが、看護師やセラピストが家に来て、何をしてくれるのかはよくわからない」と言われることも多いと言います。そういった現状を変え、よりよい未来をつくっていくために高いビジョンを掲げているのです。

ソフィアメディがミッション、ビジョンを含んだ理念を策定したのは2019年。訪問看護への社会的な需要の高まりのなかで、事業拡大を行っていくための組織改変を決意したことに端を発しています。600名以上（当時）の社員の想いをひとつにまとめ、新たな経営体制を構築するために「社員一人ひとりにとって心のよりどころをつくりたい」という想いから、理念やストーリーを全社員とともに共創する「北極星プロジェクト」がはじまりました。

このプロジェクトは

①理念策定

②理念をもとにした既存の経営方針書の書き換え

という2つのステップが踏まれました。

ひとつめのステップ「理念策定」では、経営層はもちろんのこと、ステーションやメンバーを率いている管理者を含めたメンバー20名を巻き込みながら、毎月2回程度セッションの場を設け、徹底的に互いの意見をぶつけ合いました。また、現場のリーダーを中心に30名以上から、のべ100時間以上をかけて、自分たちがこれまで何を積み上げ、育み、大切にしてきたのか。未来に向けて何を残し、何を変えていくべきなのかをヒアリングしながら、最終的なワーディングへと落とし込んでいきました。

そうしてできたのが、次のミッション、ビジョン、スピリッツです。

ミッション

英知を尽くして「生きる」を看る。

ビジョン

安心であたたかな在宅療養を日本中にゆきわたらせ、ひとりでも多くの方に、こころから満たされた人生を。

スピリッツ

あの手この手、打つ手は無限。ソフィアメディの5SPIRITS。

1　お客様第一主義に徹し、常に相手本位に行動する。
2　プロとして誇り高く、あらゆる可能性を追求する。
3　品質は人の質と心得て、感性と徳性を磨く。
4　学ぶ心を忘れず、自ら率先して変化の原動力となる。
5　仲間を認め、おせっかい、お人好しの精神で支え合う。

そして、2つめのステップ「理念をもとにした既存の経営方針書の書き換え」では、理念策定に携わったメンバーがいくつかの分科会に分かれ、各パートの言葉について本質を損なうことなく理念を下敷きに整理し、書き換えていきました。

しかし、このステップを説明するにはまず、ソフィアメディにとっての経営方針書の重要性を理解する必要があります。

ソフィアメディの経営方針書は、「訪問看護における大事なものは何か」を話し合い、意見を出し合ってひとつひとつ丁寧に言語化された、すべての行動の指針となるものです。その内容は「リーダーの方針」「育成の方針」「組織づくりの方針」「事業展開の方針」など、さまざまな活動における方針や心構えが事細かく記されています。

まさにさきほど説明したマネジメントポリシーのような存在として、理念策定以前より組織全体に深くゆきとどいているものでした。

ここで重要なのは、現場を知り、仕事を深く理解している人たちの手によって進められたことです。やはり本人たちにしか書けない言葉があります。

理念で経営をつらぬく仕組み「ぐるぐるモデル」

現在、「『生きる』を看る。」という言葉を軸に、理念は組織全体に深くゆきとどいています。しかしそれはよくあるような、事業と離れたところで展開される「理念浸透チーム」によって活動が行われたからではありません。

同社の代表取締役社長ＣＥＯを務める伊藤綾氏は、「会社によってはそれが有効な場合もあると思います。けれど、少なくともソフィアメディにとっては、理念と経営、もっと言えば仕組み、戦術を一体化していくことによってはじめて浸透すると思っていますし、実際、この数年はそれを実現するために徹底的に仕組みづくりに取り組んできました」と言います。

その取り組みの象徴的なアウトプットが、**理念を経営の事業構造のなかに組み込みモデ**

ル化した「ぐるぐるモデル」です。

「英知を尽くして『生きる』を看る。」というミッションを、会社としてどのように生み出していくのか。ビジョンをどう実現していくのか。「ぐるぐるモデル」はそのレシピのようなものとして、全部で7つの要素から成り立っています。

①育成
②両立支援
③評価・表彰
④従業員満足（ES）
⑤お客様満足（CS）
⑥社内・社外向けコミュニケーション
⑦採用

このモデルに描かれているもののなかに、特別なものやユニークなものはありません。ただ大事なのは、このモデルが何をどうやって一気通貫させれば本当に『生きる』を看る。」ことができるのかという問いに真摯に向き合ってできたものだということ。

一人の看護師、セラピストが訪問現場と育成を行ったり来たりしながら、技術的、人間的成長を遂げ、それがきちんと評価・表彰されることで働きがいが高まる。そうしてはじめてお客様の満足が生まれ、ひとつの現場で「生きる」を看ることができる。そういった活動の成果を定期的に社内外に発信していくことで、社内においては社員一人ひとりの目線を揃えると同時に誇りを醸成し、社外に対しては知ってもらうきっかけをつくる。それとともに、理念を実現するための同志を増やしていく。

①〜⑦を高速でぐるぐると循環させることでミッションを日本中に広げ、ビジョンを実現していく。この循環こそが「ぐるぐるモデル」の本質です。

これら7つの要素の内容については、現場の管理者とバックオフィスのマネージャー層が何度も集まり、それぞれの要素について深く話し合いながら決めていったと言います（なお、ミーティングへの参加は任意となっており、参加者は自らの意思で集まります）。

たとえば「評価・表彰」の回であれば、主催者が持ち込んだ原案をベースに『「生きる」を看る。』ためには、どういう人が讃えられるべきか」という問いについて参加者全員の意見を出し合う。そこであがった意見をもとに原案をブラッシュアップし、2〜3回の

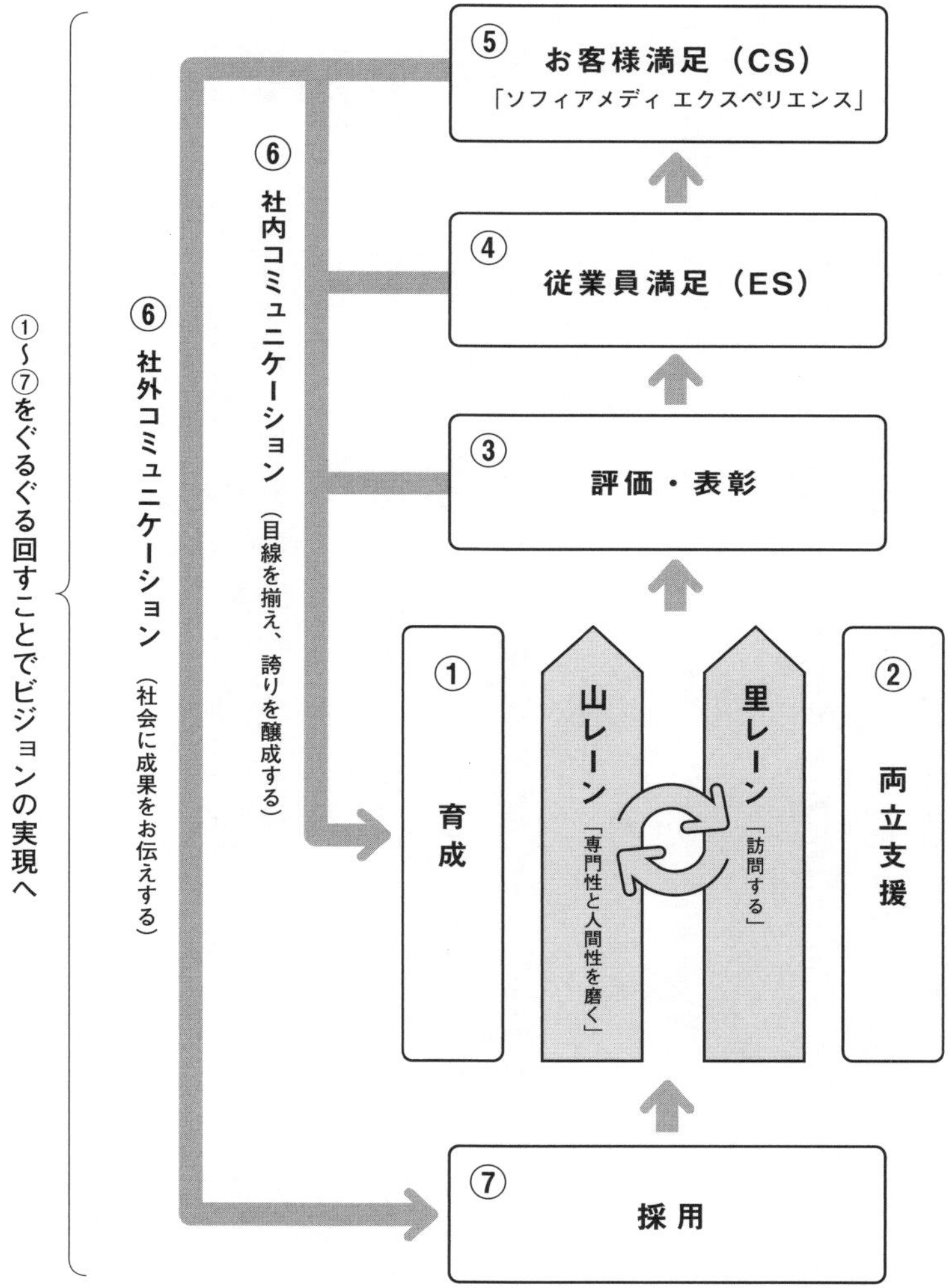

ぐるぐるモデル（エッセンス版）：“「生きる」を看る。”ぐるぐるモデル（ソフィアメディ マニュアルレポート 2021をもとにパラドックスで作成）

ミーティングを経て定着し、最終的には全管理者が集まる場で発表する。ポイントは、その場で考えられるすべての問いが、「『生きる』を看るために＊＊はどうあるべきか」というものになっていることです。

参加する全員がどうしたらミッションを体現できるのかと頭を悩ませ、自分たちが納得のいくものにつくり込んでいくことで、絵に描いた餅ではない実効性の高い仕組みができあがっていきました。

こうしてつくりあげられた「ぐるぐるモデル」は、まさに言語化された理念やポリシーを実践・実現するために、経営の隅々にまでゆきわたらせるための仕組みといえます。

以降は「ぐるぐるモデル」をさらに詳細に見ていくことで、より具体的に「仕組み化」について考えていきましょう。

山レーンと里レーン

まずは①の育成についてです。ぐるぐるモデルを見ていただくとわかるのですが、「山レーン：専門性と人間性を磨く」と「里レーン：訪問する」と書かれています。これは「山＝修業」と「里＝日常生活」というイメージの対比をもとに考案されたネーミングです。

訪問看護の仕事では、ときに厳しい状況により心身が疲弊することがあります。たとえばお看取りが何件も続いたり、深夜に緊急コールがかかり、とてつもない緊張感のなか明け方の5時まで対応したあとで家に戻り、翌朝9時半からまた定期訪問があったりすると、肉体的・精神的負荷によって、仕事に対してネガティブな感情を持ったり、離職してしまう人が生まれてしまいます。

人が人を看るこの仕事では、一人ひとりの人間性そのものが問われます。ゆえに、日々の運営のなかでいかに人間性を伸ばし、かつ現場で感じる精神的負荷をちゃんと浄化できるか（山レーン）。そして、また新たな気持ちで次のお客様に向き合っていけるか（里レーン）。ソフィアメディが持続的に事業を行っていくために、山レーンと里レーンを行き来するサイクルを、経営システムのなかで意識的につくっていくことが重要になります。

山レーンは、

● 人間性を磨く日々の習慣とワークショップ
● 専門性を磨くための育成体制と研修コンテンツ

の2つの柱から成り立つ人材育成の仕組みです。

ひとつめの人間性を磨くためのものとして、毎朝、経営方針書を1日1ページ朗読し、意見を述べ合う朝礼や、新しく入社する人に向けた5日間の理念浸透研修、バックオフィスでは月に一度みんなで同じ課題図書を読み、感想を共有し合うゼミナール「ＨＩＴＯゼミ」などがあります。

２つめの専門性を磨くためのものについても、キャリアアップをサポートする研修はもちろん、自分の専門性がどのレベルにあるのかを把握し、次のステップを目指すためのクリニカルラダーとステップアップシートや訪問現場でのＯＪＴなど、各自のステップに合わせて専門性を高めるための仕組みが整っています。

これ以外にも、活躍しているスタッフが「『生きる』を看る。」を具体的にどう実践し、どんな壁にぶつかったのかをリアルなエピソードとして語る社内報「SophiamediA」（月一回発行）や、全国のステーションのスタッフがオンライン上で一堂に会し情報共有したり、「生きるを看る物語り」と題されたお客様とのエピソード共有などが行われる「ソフィアメディチャンネル」（月一回開催）、「Sophiamedi STARS」と題された年間表彰が行われる「経営方針共有会」（年一回開催）など、あの手この手で理念を軸にしたコミュニケーションをとり続ける仕組みがあります。

これらはまさに「習慣化」のための仕組みと言えます。日常的な仕事のなかに、毎日、週に一度、月に一度、年に一度と、それぞれの頻度で自然と理念に触れる仕組みが定期的にやってくる。

たとえば、毎日読んでいる経営方針書や理念浸透研修から、日々新しい気づきや発見を得ること。社内報やエピソード共有から、「理念を実践するとはどういうことか」を知り、自分も頑張ろうと思うこと。経営方針共有会を通じて、会社の方向性を理解し、理想と自分の現在地のギャップを把握すること。

こういったすべてのことが組織全体での理念の実践につながり、その積み上げこそがやがて理念の実現へとつながっていくのです。

社員の幸せも追求する

次は里レーンにある、②の両立支援について見ていきましょう。

さきほどもお伝えしたように、訪問看護の仕事は生き方の選択肢を広げる重要な意味を持つ仕事である一方で、慢性的な人員不足もあり、業界内では過重労働が頻発、離職が続出し、なかには廃業に追い込まれてしまう事業者も存在する厳しい世界です。さらにソフィアメディでは、お客様に安心して療養生活を送っていただくために、多くのステーションで24時間365日対応できる体制を整えているといいます。

そのような状況のなかで、持続可能なかたちで事業を展開していくために力を入れているのが、両立支援の体制づくりです。

この取り組みの根底には、自分たち自身が働きがいを持って健やかに働くことができてはじめて、お客様の「生きる」を看ることができるという想いがあります。

この仕事ではともすると、お客様のためを想って行動することが、自身の生活を犠牲にすることにつながってしまうこともあります。それが頻発し、常態化すれば、どれだけモチベーションが高くても長期的に働くことは難しいでしょう。だからこそ、働く一人ひとりの「生活」と「仕事」を両立させることが、お客様の「生きる」を看るためには必要不可欠なことなのです。

具体的な制度は「WOW!」(Work for Our Wonderful life!) という働き方支援策にまとめられています。これは現場で働く一人ひとりの声に耳を傾け、「生きる」を看るためにはどんなサポートが必要かを徹底的に考え、試行錯誤のうえでつくられた制度です。

たとえば、重篤な精神疾患を抱えるお客様を担当していたり、短期間にお看取りが重なったりするなどの、医療職ならではの精神的負担を軽減するための社外相談窓口「精神ケア窓口」の開設。訪問と訪問の間に生まれた数時間の空き時間を、堂々と自分のために利用すること（カフェで休んだり、一度家に帰って家事を済ませたりするなど）を可能にする「1時間単位の有給休暇制度」の創設など。

これらの制度は多くの社員に利用され、とくに1時間単位の有給取得については年間5000件以上の利用があるなど、活用率の高い制度になっているといいます。

それ以外にも、緊急時のタクシー利用を可能にする「夜間タクシー制度」、緊急対応時すぐお客様のもとに駆けつけられるよう、所属ステーションの基準距離内に引っ越しをした場合の費用の一部を会社が負担する「引越支援金制度」、子育て中のスタッフが急なお客様対応で保育園の送迎ができないといった場合に適用できる「ベビーシッター費用の補助制度」など。

たくさんのサポート制度がある一方、現状では運用面に課題があるものも多いといいます。

それでも、毎年毎年社員の声をもとに新しい制度が生まれており、現在「WOW！」はバージョン2まで進化しているそうです。

徹底的な数値化で、理念の実践度・実現度を視覚化する

同じ医療でも、病院と在宅ではお客様の感じる価値が違います。病院では「治る」というわかりやすい価値基準がある一方で、訪問看護では必ずしも治すことのみが価値ではありません。

たとえば、生活に不自由がでてきた高齢者の方や障がいを抱えられている方など、状態がゆるやかに悪くなっていく方も多いといいます。

伊藤氏によると、「訪問看護ではよい看護についてn＝1で語られることもままある」といいます。地域医療連携先などからときおり、「訪問看護はどこでも一緒では？」と言われることもあるそうです。そういった状況を変えるべく取り組んでいるのが、訪問看護の体験価値を言語化、構造化することで、測定可能な定量的な指標へと落とし込み、継続的に計測するプロジェクトです。

「ソフィアメディエクスペリエンス」はその成果として生み出された指標です。ソフィアメディが提供するサービスによってお客様が感じる「生きるを看てもらえたという実感／

自分らしい人生を送れているという実感」についての指標であり、次の3つの要素から成り立っています。

①訪問看護に適した医療技術
②サービス提供によるお客様満足度
③お客様による生き方の選択度

ひとつは看護・リハビリの実践度、つまり医療技術の質です。提供しているのが医療サービスである以上、訪問看護に適した医療技術をみんなが身につけているというのは前提条件です。

ただし、技術があれば「『生きる』を看る。」ことができるかというと、そんなことはありません。そこに行動指針である5スピリッツの実践が伴ってはじめて「『生きる』を看る。」を実現できる。だからこそ、お客様に本当によかったと満足いただけたかというお客様満足度（CS）が指標になっています。さらに、技術があってお客様に喜んでいただけたらそれでいいかと言うと、それでもまだ「生きる」を看たとは言い切れない。

伊藤氏は、「『生きる』を看る。」を本気で実現したいなら、それだけではなく、お客様ご自身が「生き方」を選ぶことができたかどうかも重要な要素だといいます。お客様がもしご自身で選択をできる場合、それを実践できたかどうか。もちろんお客様一人ひとりにさまざまな選択肢があり、人によっては最期を病院で迎える人もいるかもしれない。重要なのは、それを自分で選んだのかどうか。納得しているのかどうかなのだと。

そういった考えから3つの要素がそろって初めて、「ソフィアメディエクスペリエンス」ならではの価値提供ができたと考えることにしているといいます。

理念で組織をドライブさせる2つのポイント

ここまで、ソフィアメディの取り組みを紹介してきました。なかには「理念を実践するにはここまでやるべきなのか」と驚かれた方もいるかもしれません。

しかし、「理念の実現に取り組むということは、多くの人がひとつの理想に向かって人生の時間を捧げるということ。それはとても責任の重いことです」と伊藤氏はいいます。

理念を本当に実現しようとすれば、当然時間がかかります。きれいごとだけではすまないことも多い。次々と現れる難問に対して、たとえ苦しくても意思を持って向き合い続けられるかどうかが重要です。

だからこそ、

①心から信じられる、誇れる理念になっているか

②ワクワクして取り組むことができるか

ということが大切です。

この2つのポイントを意識して、「言語化・仕組み化・習慣化」に取り組んでみてください。

志に基づいた経営判断が下され、
現場でも一貫して実践がなされている。

Chapter

企業の志と個人の志。その重なりを大きくしているか

ここ数年、理念浸透についての相談が増えました。リモートワークによって顔を合わせて仕事をする時間が減ったせいか、社員の意識合わせやモチベーションの維持、そもそも自分たちの考えがしっかりと伝わっているのか、エンゲージメントは保たれているのかということを不安に思う経営陣が増えたのかもしれません。あらためて理念をしっかりと浸透させて、一枚岩になるための施策が必要だと考える機会になったような気がします。

そんな相談を受けるたびにお伝えしているのは、そもそも「理念浸透」という言葉をやめませんか？　ということです。私たちのような外部パートナーや経営陣同士で会話するときに便宜上用いるのはいいと思うのですが、この「理念浸透」という言葉って、なんだか一方通行な響きがします。

たとえば、「我が社は今期の戦略のひとつとして理念浸透を推進します！」と社内に発表したとしましょう。これを聞いた社員はどう思うでしょうか。「あなたたちには理念がちゃんと浸透していないので、浸透させていきます」と言われているように感じる人もいるのではないでしょうか。

数多くの企業に関わってきましたが、常々思うことは、日本は真面目な社員が多いです。特に理念を大切にしている会社であれば、基本的には社員のみなさんは「理念を理解して実現しよう」と、その人なりに一生懸命頑張っています。だから「あなたたちに理念浸透させていきます！」というメッセージによって、社員を信じていないような、そんなちぐはぐなメッセージになってしまうかもしれません。

本来、**理念は「強制的に浸透させていく」ものではなく、「自然と浸透していく」もの**です。戦略的に言うのであれば、**「自然と浸透していくような状態（土壌・仕組み・習慣）」をどうつくっていくか**ということです。

では、そのためにはどうしたらいいのか？

まずはお互いに感謝し、リスペクトする。一人ひとりの幸せを心から願う。そんなマインドを持つことが前提です。10人の会社でも、3万人の会社でも、すべての人に人生があり、その人生の大切な時間を働くことに使っています。だから、その**働いている時間そのものが、どれだけ幸せなものになっているかが最重要事項**です。

具体的に言えば、「この会社で働いていると、自社の理念や目標に貢献している実感もあるし、自分の目指す姿や目標にも近づいている」と思えるか。つまり、**「会社の志の実現と、自分の志の実現の両方が叶いそうだ」と思えるかどうか**です。

「自分の志」というと、なかには「志なんてたいそうなものはない」と思われる人もいるかもしれませんが、「こんなキャリアを歩みたい」「こんなやりがいを感じたい」「こんなビジネスパーソンになりたい」という、ありたい姿のようなもので十分です。

もちろん、「こんなふうに社会に貢献したい」「こんな会社にしたい」など、心に決めた志があればさらに素晴らしいと思います。

同志度の高い組織は理念浸透度も高い

創業者やオーナー経営者はパワフルな方が多いと思いませんか？

どんどんアイデアが湧いてくるし、すぐに行動するし、成果へのコミットもすごい。昼夜問わず働いても、モチベーションが下がることもない。なかには80歳を過ぎても現役で、若い人に負けないような人もいる。

なぜそんなことができるのかというと、「会社の志と自分の志」がほぼ一致しているからだと思います。いわば、会社＝自分の人生そのもの。だから会社がうまくいけばうれしいし、うまくいかなければ悔しくて、なんとかその壁を乗り越えようとありとあらゆる方法を思いつく。絶対に成果を出そうとあきらめない。会社のすべてが自分事になる。

逆に言えば、もしも社員全員が経営者と同じような状態だったら？

つまり、「会社の志と自分の志」が一致していたら？

その組織はとてつもないパフォーマンスを発揮しそうな気がしませんか。もちろん、現実的には「全員が一致する」ことは不可能かもしれません。でも、できる限り一致させていくことはできる。ようは、**「会社の志と自分の志」の重なりを大きくしていくことはできる**ということです。

私たちは、この重なりのことを**「同志度」**と呼んでいます。そして、この同志度の高い会社を目指すことをおすすめしています。

同志度の高い人は理念浸透度が高い。会社の志が自分事化しているので、「働くこと＝自分の人生を豊かにすること」だとわかっている。当然モチベーションが高いですし、成果にもコミットします。そして成果を出すために、会社から期待されていることや事業目標、その背景にある理念を理解しようと努めますし、それを実現するために行動します。行動すればするほど、その分だけ理念を理解しますから、浸透はますます進んでいくというわけです。

では、同志度を高めるためにはどうしたらいいのか？

それは、**企業の志と個人の志、その双方を実現できるように「叶え合う組織」にしていくこと**です。

想像してみてください。

ある社員がいたとします。その社員は理念について、その背景にある想いまで理解して心から共感しています。どうしたら実現できるかを日々仕事のなかで考え、「こんなキャリアを歩みたい」という目標も明確。だからモチベーションも高いし、成果を出せるよう

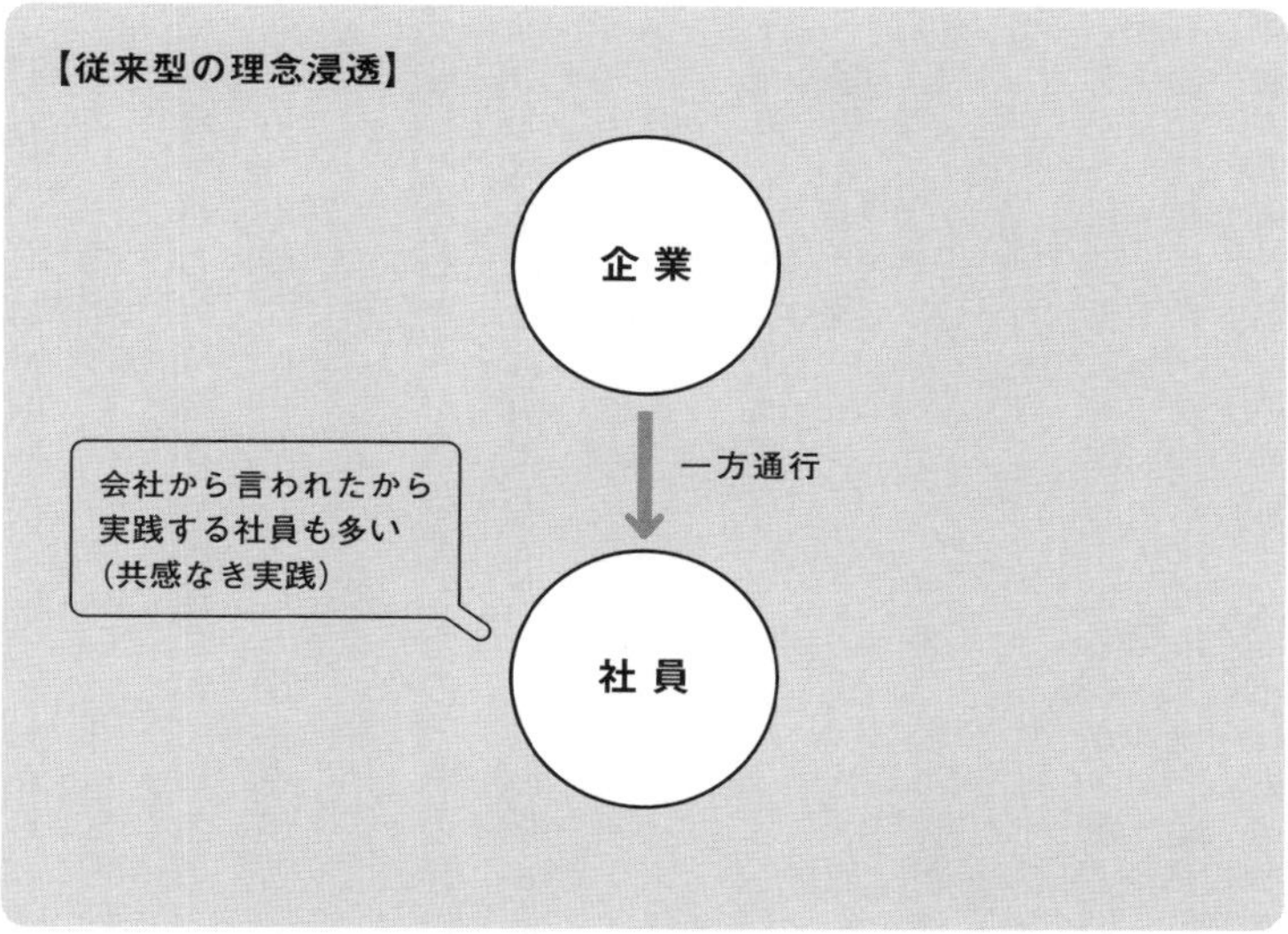
【従来型の理念浸透】
企業
一方通行
会社から言われたから
実践する社員も多い
(共感なき実践)
社員

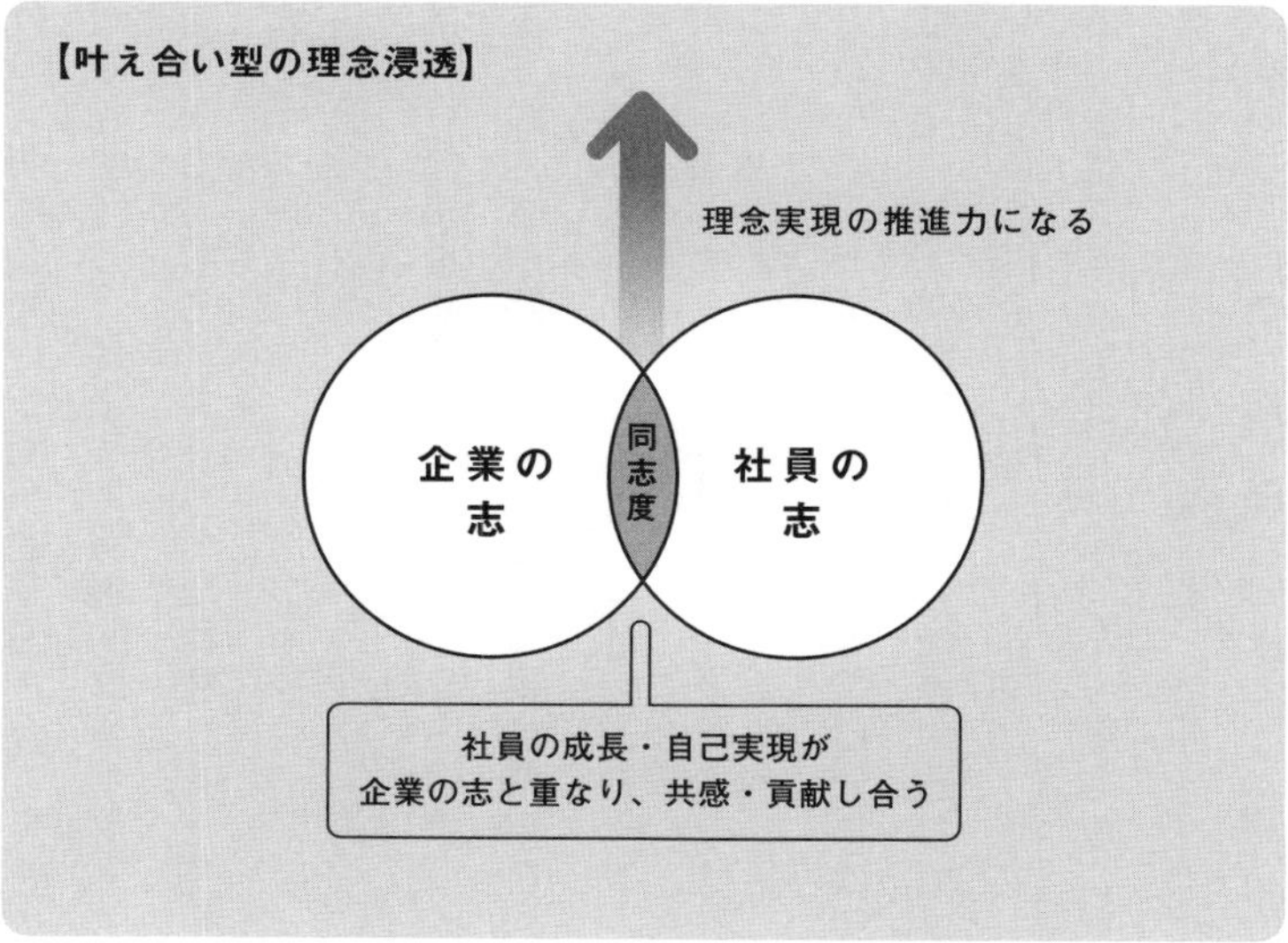
【叶え合い型の理念浸透】
理念実現の推進力になる
企業の
志
同
志
度
社員の
志
社員の成長・自己実現が
企業の志と重なり、共感・貢献し合う

に努力し、自己研鑽も怠らない。しかも、自分の大切にしている価値観や働き方、長所や短所、そして目指す姿について上司も部下も同僚も理解し、共感して積極的にサポートしてくれている。周囲から応援されていることを実感しているので、もっと頑張ろうと思うし、自分も周囲に貢献しようと相手を支援している。


もしもそんな人がいるとしたら、その社員はいい仕事をするでしょう。

もしもそんな社員であふれている組織があるとしたら、間違いなくその企業は成果を出すでしょう。


一方で、その逆はどうか。

理念には共感しておらず、貢献したいとも思わない。上司も部下も同僚も、自分には興味を示さない。自分のことは誰にも理解されていないし、応援もされていないと感じている。

そんな状況では、働いているのがしんどいですよね。そのままではきっと、辞めてしまうのではないか。せっかく仲間になってくれたのに……もしかしたらすごい成果を出してくれたかもしれないのに……これほどもったいないことはないですよね。

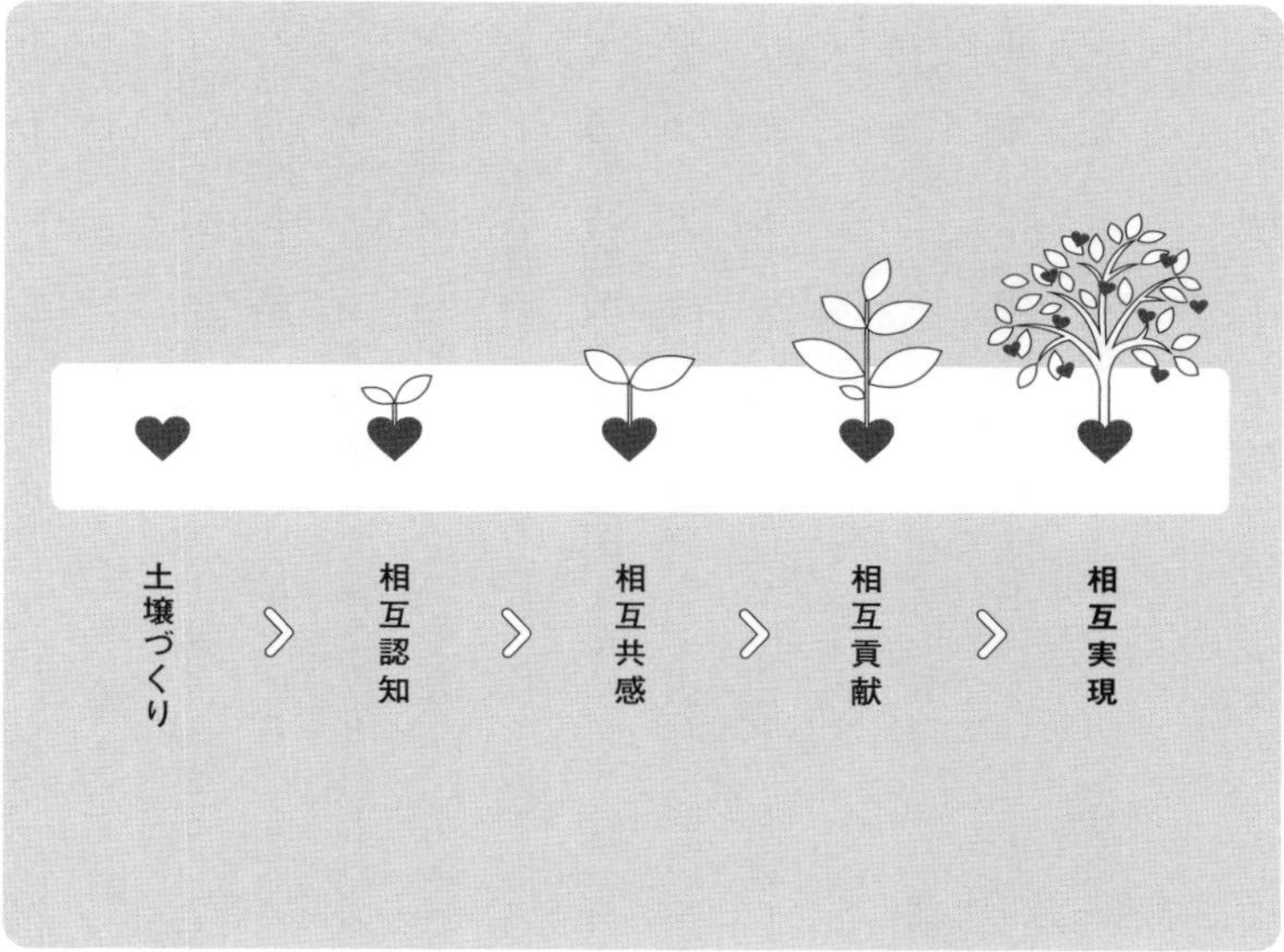

叶え合う組織のつくり方

ここからは、企業の志と個人の志を叶え合う組織にするための、具体的なステップを紹介します。大きくは２つ。①土壌づくり　②相互認知・相互共感・相互貢献です。その結果、「相互実現」という会社と個人のｗｉｎ－ｗｉｎを目指します。

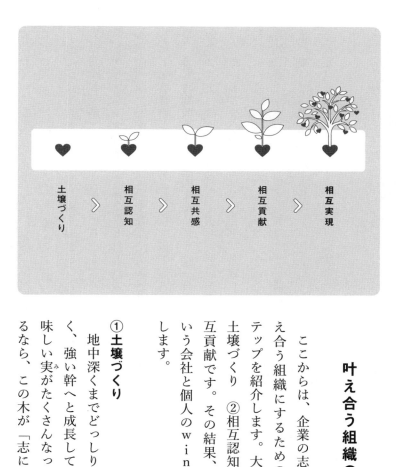

①土壌づくり

地中深くまでどっしりと根が張り、太く、強い幹へと成長していく。枝には美味しい実《み》がたくさんなっている。たとえるなら、この木が「志に向かってまっすぐ伸びていく企業」であり、実は「社員の志の実現」です。だから、まずは土壌が大切。肥《ひ》沃《よく》な土壌は木がよく育ちますが、痩せた土壌や枯れた土壌では木がダメになってしまいます。

上司が高圧的で部下が話しにくいとか、妬みや嫉みがあって職場の雰囲気が悪いとか、労働時間が長過ぎて疲れ切っているとか、ハラスメントのせいで安心して働けないとか。

しかしブラック企業ですか？　と言われると、必ずしもそういうわけではない。労働環境や福利厚生などが整っている企業でも起こりうることです。

たとえば有給も取れるし、各種手当てもある。残業時間も管理されていて法令遵守の企業。労働時間内で成果を出すために、社員はみんな仕事に集中していて生産性が高い。評価はフェアに成果だけを見る。決して悪い企業ではありません。

ただ、もう少し実態を見ていくと、徹底した成果主義のためプロセスは評価されない。日々どんなに頑張っても褒められることはなく、叱られることのほうが多い。なかなか成果が出ずに苦しんでいても、基本的には会話のない職場であり、ピリピリと緊張感が張り詰めていて、周囲には相談しにくい。結果、どんどん悩みを抱えるようになって精神的に不安定になっていく……ということも実際には起きていたりします。

この土壌づくりの部分は、マズローの欲求5段階説で言えば1～4段階部分、つまり

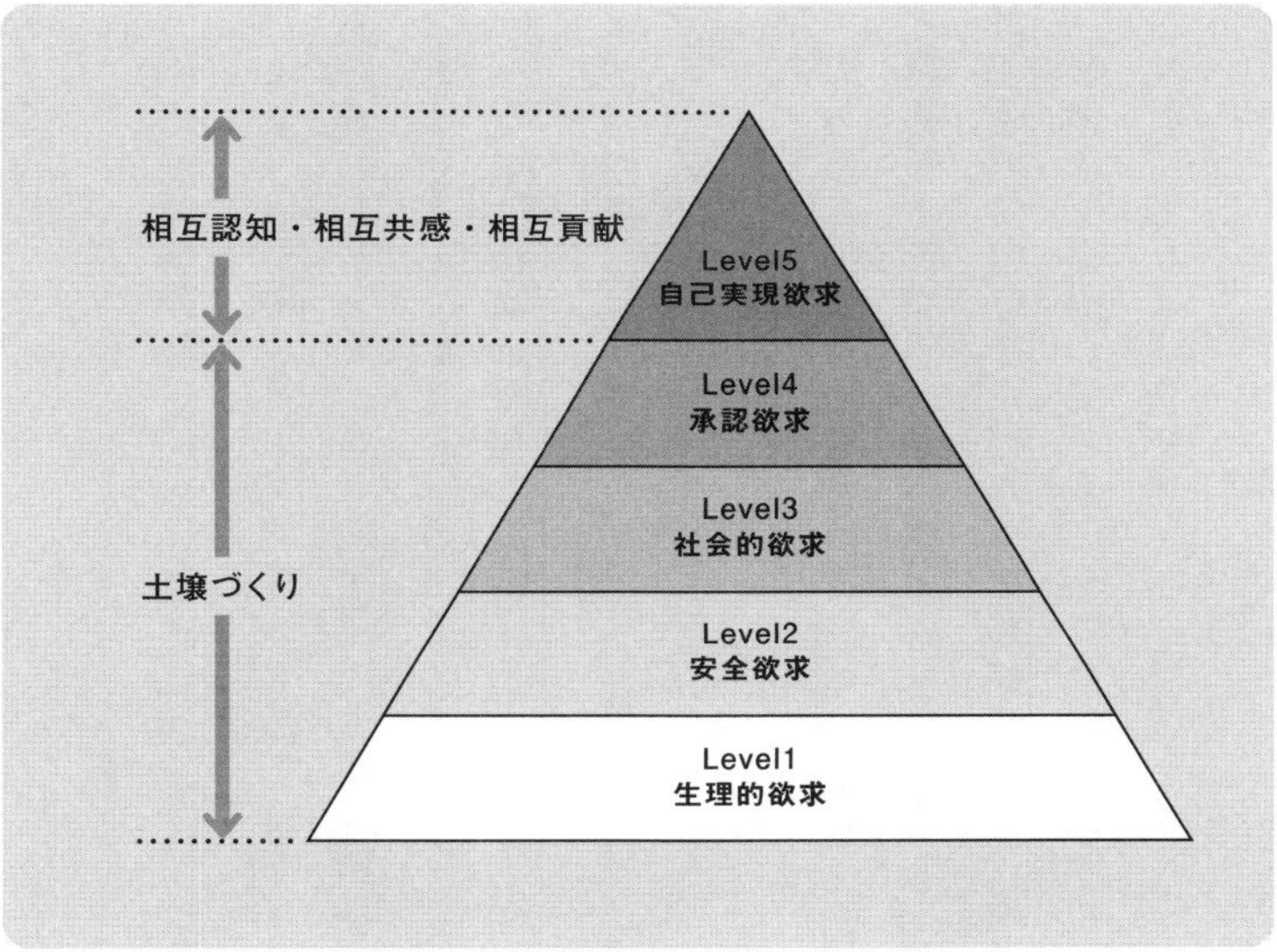

「生理的欲求」「安全欲求」「社会的欲求」「承認欲求」に近いです（相互認知・相互共感・相互貢献は「こうありたい」という個人の目指す姿に関しての部分ですから、「自己実現欲求」に該当します）。

たとえどんなにやりがいにあふれた仕事で、自己実現につながっていたとしても、過重労働が続いていてはいつか倒れてしまいます。命の危険を感じるような職場では、自己実現どころではありません。感謝されることがなく、居場所がないと感じたり、リスペクトを感じられなかったり、孤独な職場では滅入ってしまうでしょう。

いきいきとした組織でいるためには、この1〜4段階（土壌づくり）のベースが大事なのです。

さまざまな職場を見ていて思うのは、「承認欲求」に問題がある企業も多いようだということです。社会人になると、なかなか褒められることはありません。でも、たいていの社員が毎日見えないところでも一生懸命働いています。ミスすることがあったとしても、それは挑戦した結果ということもあります。アピール上手な人は別ですが、そうでない人はその頑張りは伝わりにくい。

その結果、「こんなに頑張っているのに認めてもらえない」という思いが積もり積もって、だんだん仕事への熱が冷めていくということもあります。

もちろん、なんでも褒めればいいというわけではありません。大切なのは、**理念に沿って褒めること**。つまり、褒めるということはその行動を認めるということです。「これは評価される行動なんだな」とわかれば、今後もその行動をする可能性がある。すると、自然と理念を実践していくことになる。自分の価値観との接点を、本人が感じられるようになれば、それは理念が「自然と浸透していく」ことでもあります。

②相互認知・相互共感・相互貢献

「相互」ですから、**会社と個人が「お互いに」**という点がポイントです。上下関係はなく、志のもとにフラットな関係です。

相互認知・相互共感・相互貢献すべき項目は3つ。**「価値観」「ありたい姿」「強み」**です。具体的にいうと、「理念」や理念を実現するために「目指している事業の目標」と「目指している組織の姿」、そして事業を推進していくための「企業としての強み」について、社員一人ひとりが認知し、共感し、貢献しているかどうか。

逆に、社員個人が大切にしている価値観や目指しているありたい姿（キャリア・将来像など）、強みについて、周囲の上司や部下、同僚は認知し、共感し、貢献しているかどうか。会社の仕組みとして、お互いの認知・共感・貢献が実践できるよう機会や制度を用意しているかどうか。個人の価値観を尊重し、ありたい姿になれるようにサポートし、強みを活かして働けるようなマネジメントが徹底されているかどうかということです。

さて、質問です。

（あなたが経営者だとしたら）経営陣や直属の部下について、

（社員だとしたら）同僚や上司、部下について、どのくらい知っていますか？

何か仕事をお願いするとき、相手のことを理解していると、ｗｉｎ－ｗｉｎの接点をつくりやすくなります。「この仕事を経験することはあなたのキャリアにこんなふうに役立つよ」とか、「あなたのこんな強みを活かしてほしい」などといった意味づけができれば、他の誰でもなく自分がやるべき仕事として意気に感じてくれるはずですし、自分の人生にメリットがあるとわかれば仕事は楽しいものになる。

相手が大切にしている価値観がわかれば、その価値観とぶつからないように、相手がやりにくくならないように仕事を依頼できる。

そうやって相手を尊重しながら仕事をすることで、信頼関係はより強固になっていきます。

逆に、相手を理解せずに一方的にお願いばかりしていると、押しつけになったり、やらされ仕事になったりします。

叶え合う組織は相手を思いやる組織でもあります。

思いやりやＧＩＶＥの精神は伝播し、やがて組織全体に広がっていく。そうやって温か

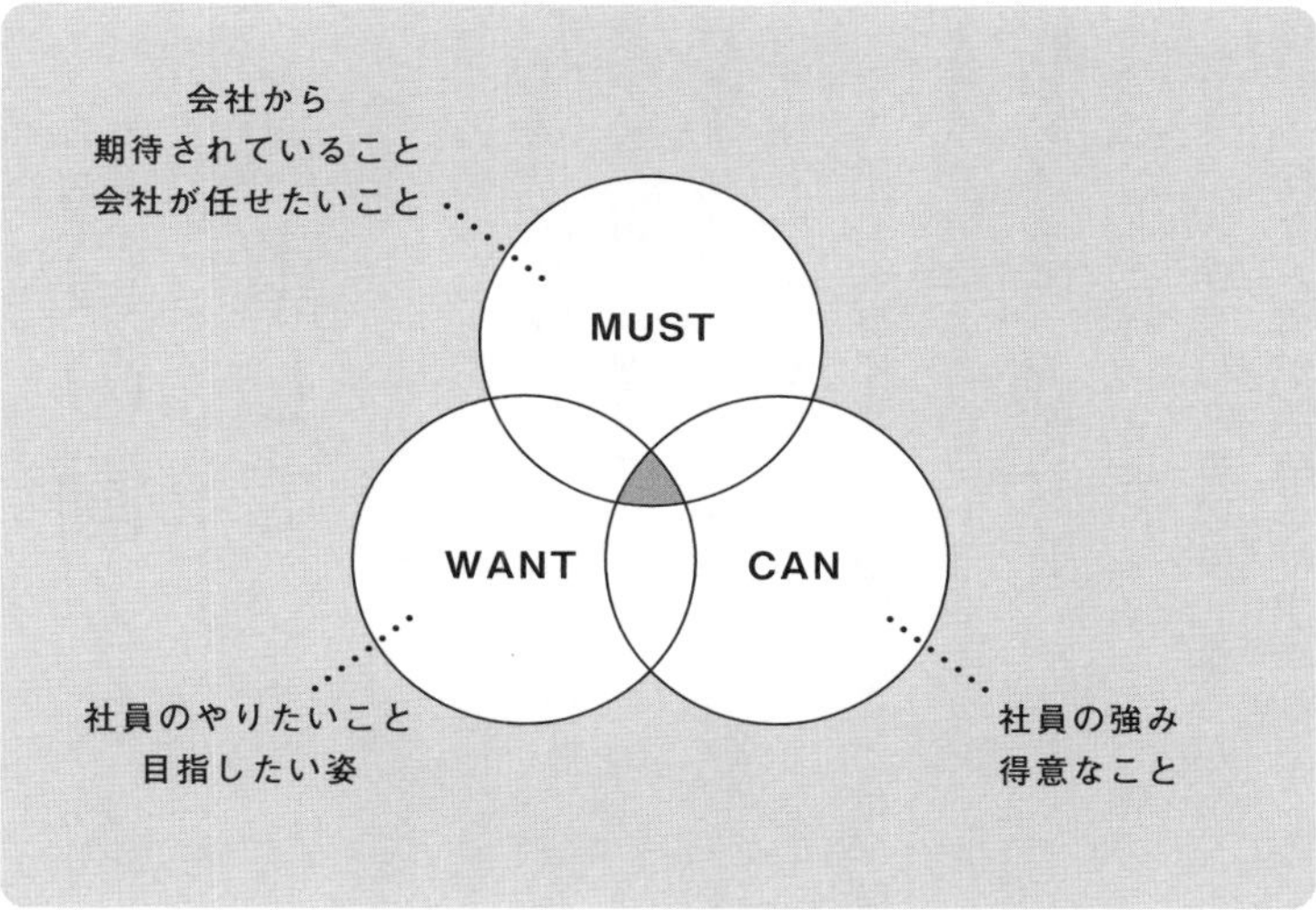

い雰囲気に包まれたほうが、一人ひとりが力を発揮し、助け合い、切磋琢磨する組織になれるはずです。

ここでひとつご紹介したいのが、**「Must-Want-Can」**というフレームです。日々の仕事において会社と個人の接点をつくり、意味づけすることに役立ちます。

Mustは会社や上司から期待されていること、会社や上司が任せたいこと。Wantは個人のやりたいことや目指したい姿。Canは個人の強み、得意なことです。この**3つの接点を意識して仕事をすることで、一方的なやらされ仕事ではなく、win-winの関係をつくりやすくなります。**

社員の働くスタイルを尊重しているか

相互実現を図っていくためには、社員の働くスタイルを尊重することも大切です。手順を細かく組み立ててから始めたほうがうまくいく人もいれば、走りながら考えたほうがうまくいく人もいる。みんなと話しながらのほうがいいアイデアが浮かぶ人もいれば、一人で集中したほうがいい人もいる。

この**働くスタイルを尊重することは、個人のライフスタイルを尊重すること**にもつながります。たとえば小さい子どもがいるか、介護が必要な親がいるかなど、抱えている環境の違いもある。重要なのは、一人ひとりが最もパフォーマンスを発揮する方法であって、みんなが同じやり方をすることではありません。

好きな場所で好きな時間に働ける会社も増えてきましたが、多様な働き方を認めることは、多様な人材が活躍しやすくなることでもあります。もちろん、フレックスタイムや在宅勤務など、物理的に働くスタイルを選択できない職種もあるでしょう。でも、できる限り自社らしいやり方で、社員一人ひとりがベストな働き方を選択できる、そんな組織であることが理想です。

そのためには、ベースとして**「性善説で社員を信じる」**ことが欠かせません。管理しなければ働かないのではないか、という性悪説で縛るように監視するのではなく、目的（志）をともにする同志なのだから、その志への登り方（＝働くスタイル）はできる限り本人に合わせて選択できるようにしたほうが成果につながるはずです。

仕組み化して組織をつくる

いい土壌が育まれ、相互認知・相互共感・相互貢献が促進され、相互実現に向かっていく。どうすればそんな組織を戦略的につくれるのかというと、Chapter2でお話しした「言語化・仕組み化・習慣化」のフレームが有効です。

「叶え合う組織づくり」という観点で、チェックポイントをお話しします。

チェック1 言語化

「相互認知」されるためには、「認知されるもの」が言語化されている必要があることをChapter2でもお伝えしました。

叶え合う組織づくりの観点でいうと、会社側に関しては、「理念」「ポリシー」のほか、「事業の目指す姿」「組織の目指す姿」「企業としての強み」が言語化されていることがポイントです。個人側に関しては、「大切にしている価値観」「志や目指すキャリア・将来像」「自分の強み・得意なこと」を言語化しておくことが重要です。

ところが多くの企業を見て感じるのは、この**「個人側の言語化」**ができていない場合が多いようだということです。**自分が何を大切にしているのか、どうありたいのか、何が得意なのか**ということが明確になっていないと、仕事をするうえで「自分を使いこなす」ことができません。

すると、仕事がうまくいかない、楽しくないということにもつながりやすくなります。

働く時間を幸せな時間にするためにも、この「個人側の言語化」を行う機会について、多くの企業で取り組む必要があると思っています。

たとえば、組織や個人の目標を決めるタイミングで、自分のキャリアや将来像、志について考える時間をつくったり、ＭＢＴＩ®やクリフトンストレングス®のような診断ツールを活用したり、定期的に周囲から「あなたはこういうところが強みだよね」とフィードバックしてあげたりする。

いきいきと働く個人が増えれば、より一層いきいきとした組織になっていくはずです。

チェック2 ―― 仕組み化

いい組織づくりは、いい仕組みづくりでもあります。目標管理制度を導入している企業も多いと思うのですが、この制度をカスタマイズすることで、叶え合う組織はつくりやすくなります。

具体的には、**Must-Want-Canのフレームを組み合わせること**。これだけの成果を期待したいというＭｕｓｔに対して、個人のＷａｎｔやＣａｎも踏まえたうえで、（その接点で）目標や日々の行動を設定していく。そうすれば組織としての成果にコミットすること自体が自身のありたい姿にもつながり、得意なことを活かせるため成果も出しやすくなります。

労働環境についてアンケートをとり、できることから改善していくというのもおすすめです。毎年のルーチンにすることで、土壌はどんどんよくなっていきます。

チェック3 ── 習慣化

1on1の面談や定期的な部会・チーム会などマネージャーとメンバーのコミュニケーション機会が定期的にあれば、それを活用するのがおすすめです。

具体的にはMust-Want-Canのフレームで、都度、自分のWantやCanを考える機会をつくったり、**「実現したいこと」や「お互いにどう貢献するか」ということをメンバーそれぞれに発表させたりする**というのも効果的です。

また、相手のいいところを褒めたり、感謝を伝える機会をつくったりするのもいいでしょう。はじめは恥ずかしいかもしれませんが、やっているうちに慣れていきます。「ありがとう」が当たり前に飛び交う会社は素敵ですし、実際そういう会社はとても明るい雰囲気に満ちています。

志をともにする、同志の原石を採用しているか

叶え合う組織をつくるうえで、最も重要なことのひとつが**採用**です。理念に深く共感している人や応援したくなるような志を持っている人、自社で活躍しやすい強みを持っている人を採用できれば、相互認知も相互共感も相互貢献もスムーズです。

大切なのは、**「志」「パフォーマンス」「カルチャー」の3つの軸**。これらが自社とマッチしているかどうかをぜひ見極めてください。

まずは「志」への共感。これは、志経営において絶対に外してはいけないポイントです。しかし、実は見極めが難しい部分でもあります。自社の志を説明したうえで、「共感していますか？」なんて聞いたところでわかりませんよね。というのも、採用試験を受けにきている時点で、「共感していません！」と言うわけがないからです。

そこでおすすめなのが、**「その人の人生から価値観を紐解いていく」質問**です。

小さいころはどんな子どもだったのか？　どんな性格で、どんな生き方を大切にしてきたのか？　なぜ今の学校（転職者であれば会社）を選んだのか？　その背景にはどんな人生を目指していて、どんな価値観があるからなのか？　といった具合です。

人生に通底している価値観が自社の志と共感性が高ければ、マッチ度合いは高いと思われます。

また、もうひとつぜひ聞いてほしいのが、**本人の志**です。ものすごく明確なものでなくてもかまいません。これからどんな仕事をしていきたいのか？　どんな貢献をしていきたいのか？　それはなぜなのか？

その答えに対して深く共感できるようなら、自分たちの価値観と近い可能性が高いです。

次に、「パフォーマンス」。これは自社で活躍しやすい、もしくは求めているスキルや強みを持っているかどうかという見極めです。活躍している社員をインタビューしてその共通項を抜き出したり、分析ツールなどを用いたりしながらハイパフォーマー像を定義し、それを選考基準に落とし込んでいる企業も多いと思います。

ここではさらに一歩踏み込んで、**「入社前に持っていてほしいスキルや強み」**と**「入社**

後に育成できるスキルや強み」を分けておくことがおすすめです。そうすることで、「これだけは持っていてほしいというコアな部分」を外さずに、幅広く多様な人を採用していくことが可能になります。自社にマッチしていてかつ多様。そんな人を多く採用できれば、組織力の幅も広がっていきます。

最後は、「カルチャー」のマッチング。Chapter2で触れたように、強い組織には強いカルチャーがあります。逆に言えば、カルチャーにフィットしなければパフォーマンスも発揮しにくくなる。

このミスマッチを防ぐためには、**自社のことをよく見せようとしすぎないこと**です。魅力的なところも、課題になっているところも、(言葉は選ぶ必要がありますが) いい意味であけすけに見せることが大切です。**事前に複数の社員に会ってもらったり、自社のイベントに参加してもらう**のもいいでしょう。結果、内定辞退になったとしても、それはそれでよしとしましょう。

採用は増員することが目的ではなく、入社した後に定着してもらい、活躍してもらうことが目的です。相手にすり寄って入社してもらっても、カルチャーが合わなければその人も不幸ですし、社内の雰囲気が悪くなることもあります。

これは中途採用に多いかもしれませんが、中途採用のいいところは、これまでの経歴や実績をもとに、パフォーマンスのマッチングが計りやすいことです。一方で、以前の会社のやり方や文化が染み込んでいることも多いですから、カルチャーが合わないこともある。

ですから、**仕事の実績だけにとらわれることなく、仕事のスタンスは何を大切にしているか、それは自社と合うのかを見極めること**が必要です。転職前に所属していた企業のカルチャーを調べてみるのも参考になるかもしれません。

カルチャーを醸成していくという点においては、新卒採用が最適です。可能であればぜひ定期的に実施してください。企業文化に染まっていないという意味で、新卒はまっさらな存在ですから、自社のカルチャーや価値観を浸透させ、独自の企業文化を育てていくうえでとても有効です。

カルチャーそのものが叶え合いになっている

ここまで叶え合う組織づくりの方法について説明してきましたが、企業の取り組みとして具体的な事例を紹介したいと思います。

【採用】圧倒的な理念採用で内定承諾率93・6％

「他にもフィットネスやホットヨガの企業があるなかで、私たちの強みや独自性は何か？と考えたときに、やっぱり理念だなと思ったんです」

そう話してくれたのは女性専用ホットヨガスタジオ「ｌｏＩｖｅ（ロイブ）」や、サーフィンの動きで体幹を鍛える「Surf Fit」、専用マシンを使ったリフォーマーピラティススタジオ「pilates K」などを展開する株式会社ＬＩＦＥ ＣＲＥＡＴＥの常務取締役、茂木裕絵《ひろえ》氏。採用から組織づくりまで徹底的に理念をゆきわたらせている企業です。

同社のスローガンは「人生を、愛そう。」。すべての女性が自分に自信を持って、人生を力強く、自由に、自分らしく生きられる世の中にしたい。そして、愛と感動にあふれる世界にしたいという想いが込められています。

そんなＬＩＦＥ ＣＲＥＡＴＥが新卒採用の説明会で実施しているのは、「自分を好きになる説明会」。なんと、内容の8割は理念とカルチャーの話。理念について話した後は、学生時代に頑張ってきたことを隣の人とシェアし合うワークショップを行います。これは実は、「自己開示」と「承認する」というカルチャーを体感してもらうためのワークです。

BtoC企業にとって採用の説明会は、採用だけでなくファンづくりという意味でも価値があります。入社には至らなかったとしても、ここで出会った方がのちのちお客様としていらっしゃることもある。同社のミッションは、「自分を愛し、輝く女性を創る。」こと。だから、もし入社しなかったとしても、説明会を受けたことで少しでも自分を好きになれた、そんな人が増えることを願って実施しているそうです。

MISSION 果たすべき使命

自分を愛し、輝く女性を創る。

VISION 実現したい未来

女性の新しい生き方を通して
世の中に愛と自信があふれ
子供たちが夢を描く社会へ。

SPIRIT あなたの本質をひらくための10か条

1. 自分を受け入れ、信頼し、愛する人間で在ります。
2. 人を受け入れ、信頼し、愛する人間で在ります。
3. 人生に起こることはすべて、自分へのフィードバックと捉えます。
4. 自分に取り組み、仲間に取り組み、本気のチームをつくります。
5. 相手への承認を、感動のサプライズで伝えます。
6. ふつうの感覚を大切に、自分がワクワクできる企画をカタチにします。
7. 自分の可能性に挑戦し、常に成長し続けます。
8. 美意識を高く持ち、プロとして理想のカラダをつくります。
9. 思いっきり働き、思いっきり遊び、人生を最高に楽しみます!
10. ビジョンを描き、目標にコミットし、自分の人生に成果を創り続けます。

さらに、内定式では親族や大切な人に手紙を書いてもらったり、入社式では部活やアルバイト先の仲間、ゼミの先生などにこっそり連絡をしてメッセージをもらうなど、「承認のサプライズ」を体感してもらう。新卒採用は出店計画に合わせて年間100人程度採用しますが、その全員に対して手紙やメッセージをもらうという徹底ぶり。

さらに、「私の入社時にはなかった」ということを起こさないために、どんなに採用数が増えても必ず継続するという人事部のコミット。これもまた、LIFE CREATEの大切なカルチャーです。

「自分にしてもらったことは人に返したいと思いますよね。だから、入社前にまずは体験してもらう」のだといいます。実際、採用フロー自体が理念への共感を深める期間になっているので、入社するころにはすっかりファンになっているそうです。

ちなみに中途採用の場合は、新卒のように一括で行う入社式がないため、入社して1年目のタイミングでこのサプライズを行うとのこと。

「理念」と「カルチャー」。この2つのマッチングについて妥協しないからこそ、店舗数や社員数が増え続けても理念が薄まることなく、むしろ企業文化はますます強固になっていくのです。

【カルチャー】承認文化と仲間の成長を援助する文化

「承認のサプライズ」は採用時だけでなく、入社後も当たり前に行われています。たとえばチームの誰かが成果を創り出したときや、プロジェクトがひと区切りついたタイミング。社員の誕生日には、その誕生月に必ず実施されます。しかも、何度実施しようとも同じようなサプライズはなく、いっさい手は抜かずとことんやる。中途半端にせず、本気で習慣化するからこそ独自のカルチャーになり、それはやがて社員にとっての魅力や誇りになっていきます。

また、もうひとつ特徴的なのが「パートナーシップ」という言葉。これは「仲間の成長を本気で援助する」というカルチャーを表した言葉で、「同じ目標にコミットした人たちがお互いに援助し合う」ことを指しています。

とにかく仲間と一緒に成果を創り出すことに本気で向き合う。そんな会社ですから、あえて定期的な仕組みとしてコンテスト（たとえば店舗ごとの入会率やクレンリネスなど）を行っています。年1回、全店研修で表彰するのですが、これがまた相当な労力と経費をかけて実施しているのです。オープニング動画で華やかにスタートし、日ごろの頑張りや受賞エピソードを全社員の前で発表する。受賞者はバルーンを持ち、花冠をかぶってレッドカーペットを歩き、壇上に上がる。とにかく細部までこだわって演出します。

この表彰式はとても大きなイベントです。だからこそ社員は、「来年は絶対にこのメンバーでレッドカーペットを歩こう」「店長を歩かせよう」という気持ちになっていく。

こうして成果にこだわるのが同社の特徴ですが、それは「企業として利益を出す必要がある」ということだけではありません。むしろ成果を出すことが目的ではなく、自分で決めた目標を達成することに意味があります。なぜなら、それによって自分に自信が持てるし、自分に自信が持てれば自分のことが好きになる。すると、あれもできるかもしれないと自信が持てるので、夢やビジョンを描けるようになる。つまり、ミッションやビジョンの実現そのものなのです。

【土壌づくり】仕事も、遊びも、本気

「2カ月に1回、チームメンバーで遊びに行く日があります。店舗のみんなはお店の定休日に行くのですが、公休ではなく出勤扱いです。しかも一人当たり5000円使えます」

仕事も遊びも本気なのがＬＩＦＥ ＣＲＥＡＴＥらしさ。店舗はシフト制のため、普通に仕事をしていたら全員が集まれることはまずありません。であれば制度にしてしまおう、ということで始めたそうです。登山に行ったり、カヌーや料理対決をしたり。

仕事だけの関係ではなく、プライベートな時間もともに過ごすことで風通しはぐっとよくなる。一見すると、生産性とは真逆に見えますが、チームビルディング効果は大きい。仕事においても、コミュニケーションスピードはかなり上がるのではないでしょうか。

【制度】社員の自己実現を仕組みで支援する

どうありたいかという自分のビジョンを描き、自らチャレンジして実現していく。それがちゃんとできるように、育成や目標設定の仕組みが制度化されているのも同社のポイントです。

たとえば育成の仕組みについて。店舗で働く人はリーダーになるときと、その先の店長になるときに、「キャリアアップ研修に行きたい」と自分で立候補することができます。

もちろん受講資格として一定の条件はありますが、自らの意思でチャレンジできる制度になっているのです。会社に言われたからではなく、自分からコミットしにいく。その主体性は会社にとってもメリットが大きいように思います。

新しいことをやるとき、不安や恐れは誰にでもあります。それでもやってみたいと心が動いたらチャレンジすること自体に意味がある。挑戦そのものを「承認」するだけでなく、本気で挑戦する仲間には「本気で援助する」文化がある。だから、この制度はきちんと運用され、機能するのでしょう。

さらに特徴的なのは、「ビジョンシート」です。毎年12月に、社員は全員、自分のビジョンを描きます。3年後、自分はどんな人生を送りたいか？　そのために仕事はどんなことをやっていたいか？　そこから逆算すると、来期はどんなことをしたらいいか？　というふうに目標に落とし込んでいく。

そしてこのビジョンシートをもとに、3カ月に一度、上司と1on1面談を行っていきます。この3カ月の成果はどうだったか？　どんな成長をしたか？　を上司に話し、フィードバックをもらうという仕組みです。

ちなみに12月に書いた、その1カ月後。最初の月例会議（同社では家族会議と呼ぶ）においてビジョンはチーム内で共有されます。それに対して各メンバーは、「私はこういうことで貢献できます」とか、「こういう形で一緒にチームで成果が出せるよね」といった話し合いを行うそうです。まさに叶え合う組織ですね。

また、このビジョンシートとは別に3カ年計画というものがあり、そこには何キロダイエットするとか、こんなブランドバッグが欲しいとか、家族旅行に行きたいとか、プライベートな目標も書き込みます。

仕事は仕事、プライベートはプライベートと分けるのではなく、全部丸ごと自分の人生として楽しめるような仕組みが、「人生を、愛そう。」という同社のスローガンとしてそのまま制度になっているのです。

こうやってどこを切っても言行一致。志を軸に動いている組織は、世の中の大きな変化があってもぶれることがありません。

一人ひとりの人間性を尊重し合い、自己実現を支援している。

Chapter

「どうありたいか」という想いを大切にしているか

企業にとって価値の源泉とはなんでしょうか。

ある会社にとっては圧倒的な商品力かもしれません。ある会社にとっては他社よりも安くいいものがつくれる生産設備かもしれません。もちろん、そういったものは企業にとって収益を生む重要な要素です。しかしそれらは、資金さえあれば真似できるかもしれない。むしろ後発企業のほうがより安く、よりいいものをつくれてしまう可能性すらあります。

たとえば、スマートフォン登場前夜の携帯電話市場を思い浮かべてください。当時の携帯電話は「ガラケー」と呼ばれていて、競合各社は競って市場調査を繰り返しながら「明日のガラケー」の姿を探っていました。色や形といったデザインや性能、軽さなど、市場の声に従って生み出された多種多様な機種がありましたが、2007年にアップルのiP honeが登場すると、市場は瞬く間に席巻され、多くの日本企業は市場からの撤退を余儀なくされました（山口周『ニュータイプの時代　新時代を生き抜く24の思考・行動様式』ダイヤモンド社）。

ありが方が
真似できない違いをつくる

この寓話のような話から言えることは、「マーケットイン」の考え方による価値創造には大きな落とし穴があるということです。もちろん顧客の声に耳を傾けることは重要です。それは疑いようもありません。しかし、顧客の視界は常に「今、目の前にあるものへの評価」であり、「見たことも聞いたこともないものへの欲望」ではありません。

たとえば、まだ世の中に炭酸飲料がない時代に市場調査をしたとして、「しゅわしゅわとした爽快な飲み口の飲み物が欲しい」という声があがるかというと、あがらないでしょう。

顧客が本当は必要だと感じている、あるいは欲しいと思っている価値を顧客自身が知っているとは限らない。にもかかわらず、多くの企業が「今これが流行っているから」、あるいは「これからこれが流行りそうだから」という考えで経営判断をしていないでしょうか。

流行りを見極めること、もっと言うと時代のニーズを読み解くことはとても大切です。しかし、流行とはあくまでも「流れ行くもの」。流行に踊らされると、流行に殺される。実際に、一世を風靡してあっという間になくなり、それとともに経営不振に陥った企業の話は枚挙に遑《いとま》がありません。

時代の流れ、社会の要請を踏まえること以上に重要なのは、**自分たちのありたい姿を見定め、それを実現するために必要な価値を考えること。**市場の声をもとにしたアウトサイドインだけではなく、自分たちのパッションをもとにしたインサイドアウトで発想し、価値を創造することこそが、今求められているように思います。

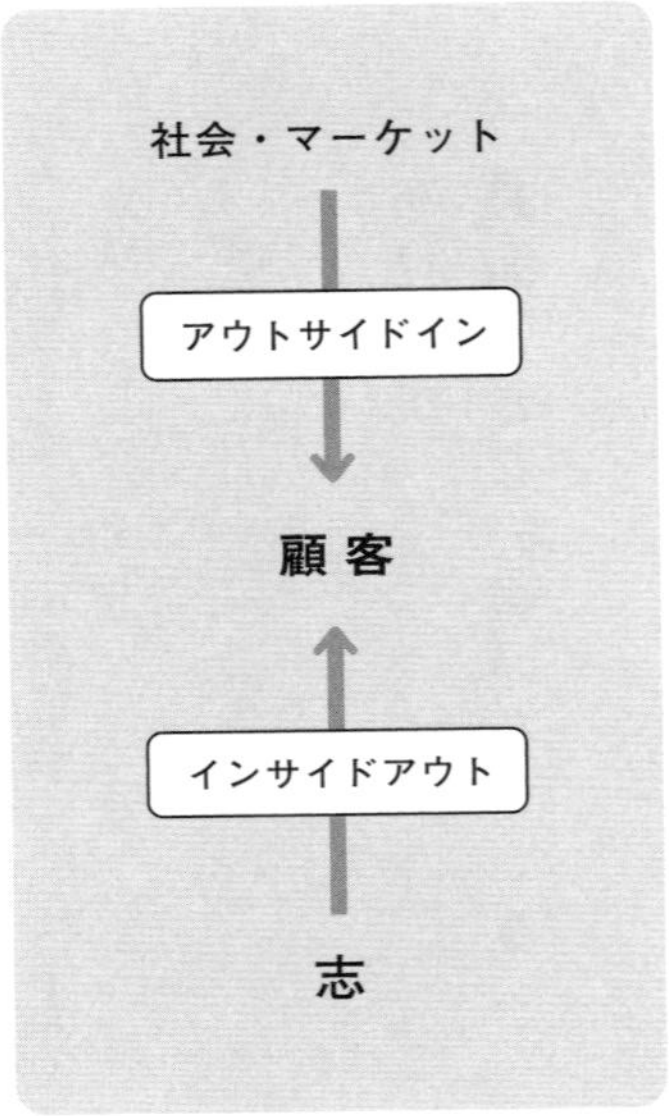

実際、世界で多くの人々に価値を提供し、熱狂的なファンを生み出しているアップルやテスラのような企業は、まさにインサイドアウトの発想で自分たちが目指す世界やあり方から逆算してプロダクトを生み出し、顧客が本当に必要としている価値を創造している企業と言えるでしょう。

なぜ志企業は「非常識」だと思われるのか

「日本のおもてなしを世界中の人々へ」というミッションを掲げ、ホテル、レストラン、ウェディングといった事業を展開している会社があります。株式会社Plan・Do・Seeです。

神戸開港間もない1870年に日本初のホテルとしてはじまり、今も新しいストーリーを紡ぎ続ける「ORIENTAL HOTEL KOBE」。1930年に皇族の邸宅として建てられ、その後、赤坂プリンス旧館として多くの人に愛され、東京都指定有形文化財にもなっている「赤坂プリンス クラシックハウス」。近代日本画の先駆者、竹内栖鳳《せいほう》の旧私邸をリノベーションした「ザ ソウドウ 東山 京都」。尾張徳川家御用達だった400年の歴史を持つ料亭「河文」など、歴史的価値の高い建築物をそのハードだけでなく、歴史や想い、伝統といったソフトの部分まで受け継ぎ、現代に生まれ変わらせてきました。

また、ニューヨーク、マイアミ、ホノルル、バリ、ハノイでも、「おもてなし」の行き届いたレストランやホテルを運営しており、なかでもニューヨークの閑静な住宅街にある「すし麻布」は、その空間、料理、おもてなしの精神が評価され、2010年以来ミシュランの星を複数回獲得しています。まさに「日本のおもてなしを世界中の人々へ」というミッションを体現しているのです。

彼らが手がける空間はどれひとつとして同じものはなく、すべてが唯一無二。ひとつひとつがアート作品のようです。

そんなPlan・Do・Seeの経営手法は、業界内では長く疑問視されてきました。「もっとうまくやれば、もっと儲かるはずなのに」「統一したブランドでチェーン展開すれば、もっと収益率が高くなるはずなのに」、そう言われてきたのです。けれどPlan・Do・Seeはあくまでも自分たちのスタイルにこだわり

ザ ソウドウ 東山 京都

続けました。その姿は業界からすると非常識に見えていたことでしょう。

このように、業界や世の中の常識や慣習に流されず、自分たちのありたい姿やミッションを軸に「何をなすべきか」で判断するからこそ、一見非常識に見えることをしている企業は多く存在しています。しかしその企業にとって、その選択は決して非常識ではなく、必然的な判断なのです。

苦しみのなかで見定めた自分たちのありたい姿

Plan・Do・Seeもまた、価値創造の根底にはありたい姿があります。取締役の三原直《すなお》氏は自分たちのありたい姿をこう語ります。

「おもてなしという言葉があるように、元来日本人には相手に対して細やかに気遣う精神が宿っている。にもかかわらず、日本のホテルは海外勢に押され気味という現実があります。一方で、日本のホテルが海外にあるかというと、ほとんどないんです。だから私たちは、日本のホテル会社がもっと元気になるようなことがしたいし、日本のホテルを海外に増やして、おもてなしの心を世界にアピールしていく存在でありたい。そういう気持ちが事業の根底にあります」

ただし、この志は創業当時からはっきりとしていたわけではなく、いくつもの苦難を乗り越えた先に、ようやく明確化されたものだったと言います。

Plan・Do・See創業のきっかけは、創業者である野田豊加《ゆたか》氏がイベント会社の社員として出入りしていた結婚式場で目にした式の、クオリティのあまりの低さでした。幼少期からホテルやレストランで一流の「おもてなし」に触れていた野田氏は、日本人が持つホスピタリティをもってすれば、もっといい結婚式をもっと安く提供できるはずだと考えたそうです。

「いつかはホテルを」という想いを胸に秘めつつ、1993年、Plan・Do・Seeはウェディングのプロデュースを主な事業として創業されました。

その後、創業の苦しみはありながらも事業は順調に拡大。1998年には次なるステップとしてレストラン事業を開始することになりました。ところが、この時期に創業以来の大赤字を計上し、倒産の危機を迎えます。苦しい状況のなか、彼らはあらためて「自分たちが心から楽しめることは何か。やりたいことは何か。やる意味のあることは何か」と自問自答しました。

三原氏は当時のことを振り返りながら、「当時見定めた企業としての立ち位置とあり方が、その後のすべてをつくっている」と言います。

結局、レストラン事業は手放しませんでした。それは自問自答の末、「レストラン事業の成功の先にこそ、ホテル事業があるはずだ」という考えに至ったからです。

苦しい時期を抜け、2004年には念願のホテル初店舗となるウィズザスタイルフクオカを開業。2008年には冒頭でも触れた、初の海外出店となる「すし麻布」（進出当初は「GREENWICH GRILL」として開業。その後、業態変更）をオープンさせ、Plan・Do・Seeは成長期へと入っていきます。

ウィズザスタイルフクオカ

「自分たちは何屋なのか?」を強烈に意識しているか

Plan・Do・Seeの経営判断の裏には、自分たちが単なる「結婚式やホテルの会社」ではなく、「日本のおもてなしを世界中の人々に届ける会社」であるという確固たる自己認識があります。自分たちが何屋なのかを見定めるプロセスについて、三原氏は「挑戦と内省を繰り返すうちに少しずつ固まっていく」ものだと言います。

当たり前ですが、ひとつの企業にできることは限られています。無限の可能性のなかから、何を選んで、何を選ばないか。チャレンジして成功すれば強みになり、失敗したら苦手なことがわかる。そういった試行錯誤のなかで、何屋なのかという認識が洗練されていきます。

三原氏の言葉からもわかるように、それはそう簡単には見つかりません。ですが、その自己認識が薄いと間違った経営判断をしてしまう可能性があります。

たとえば、80年代後半から90年代前半のバブルの時代、多くの企業が時代の高揚した空気に惑わされ、本業とはシナジーのない事業に進出し、バブル崩壊に伴い苦しい状況に追い込まれました。

これはひとえに経営判断における軸、すなわち自分たちは何屋なのかという意識の不在が大きく影響しているのではないでしょうか。「これは儲かりそうだ」という短期的な視点をもとにした経営判断が、いかに危険なことか。そういった危険を回避し、長く繁栄し続けるためにも、**市場の流行に惑わされることなく正しい自己認識のもとで事業のフォーカスを絞り、ぶれない価値創造をしていく**必要があります。

「何屋か」を見定めるための2つの問い

その「自分たちは何屋なのか?」を見定めるために必要な問いが2つあります。この問いに明確な答えがある企業は、確固たる軸があると言えるでしょう。

①好かれたい顧客／嫌われてもいい顧客は誰か

事業を運営していくうえで、すべての顧客に好かれたいというのが経営者として当然の本音だと思います。実際、私がコンサルティングをさせていただくときにも、はじめは多くの経営者が「来てくださる人、サービスを利用してくださる人はみんな大切なお客様です」とおっしゃります。

けれど、考えてみてください。そもそもひとつのビジネスで、地球上のすべてのお客様の期待に応えることは不可能な話。八方美人はみんなに嫌われるというのも真理のひとつです。**自分たちのできることにフォーカスを絞るという意味でも、「自分たちの顧客は誰か」を見定めることは重要**ではないでしょうか。

たとえばPlan・Do・Seeでは、嫌われてもいい顧客を「横柄で品のない人」と想定していると言います。レストランやホテルは一度に多くの方が利用される場です。だからこそ、Plan・Do・Seeが提供したいと考えているサービスの質や世界観を損なってしまうような方には嫌われてもいい。

それはサービスの提供者に対して、「おい！」というような言葉づかいをする方や、お金さえ払えば何をしてもいいと考えているような方があてはまります。そういった方々は、同じ空間にいる他のお客様を不快な気持ちにさせてしまう可能性があるがゆえに、嫌われてもいいと断言しています。

一方で好かれたい顧客は、「気持ちのいい人」。それは、サービスに対して「ありがとう」と感謝を伝えてくださるような方を想定しています。

このように「好かれたい顧客は誰か」「嫌われてもいい顧客は誰か」と問うことで、自分たちが本当に価値を届けるべき顧客像が見えてくるでしょう。

②あえてやること／あえてやらないことは何か

どんな企業でも日々の活動のなかで、物事に優先順位をつけて意思決定をしているはずです。大きな経営判断もあれば、日々の仕事のなかで下す小さな判断もあるでしょう。何かを「決める」ということの背後には、意識的・無意識的問わず、決めるための基準があるはずです。その基準を明らかにするのが、「あえてやること／あえてやらないことは何か」という問いです。

ここで重要なのは**「あえて」**という一語です。この副詞をつけることで、その企業における**「異常なこだわり」**が見えてきます。そしてその**こだわりの背景にこそ、自分たちは何屋なのかという自己認識につながる、その企業らしさが見えてきます。**

Plan・Do・Seeがあえてやっていることのひとつとして、「Rush to Stay & Dinner」という制度があります。これは従業員が他社のサービスを顧客として体験し、そこから学びを得るために、ホテルでの宿泊代やレストランでの食事代の半額をサポートするという制度です。

当然、これはすぐになんらかの利益につながるような制度ではありませんし、長期的に考えたとしても明確な成果につながるとも限りません。実際、投資額の8%ほどは離職によって「ムダ金」になっているといいます。

一見、非合理的に見えるこの制度の背景には、「I am one of the customers. もし自分がお客様だったら」という彼らの行動指針があります。

> 自分だったら欲しいと思えるものを自分だったらうれしい価格で提供すること
> 自分だったらこう接して欲しいと思える態度で接すること
> 自分だったらこういう場所であり続けて欲しいと思える店に進化し続けること
> すべては、私たちの商品を好きになってくださった愛すべきお客様のために

この言葉に象徴されるように、現場ではなによりも「お客様視点」が重要視されます。どんな立場の人間でも、お客様の立場に立ち、もっとこうしたらいいのではないかという思考と実践を繰り返すことがPlan・Do・Seeの社員には求められます。

実際、社員の方に話を聞くと、「たとえプライベートであったとしても、レストランやホテルはもちろん、アパレルのお店に行くときも、気持ちのいい接客とは何か、どうにかして自分たちのサービスに活かせないかと考えている」と言います。

このような「お客様としての感覚」に磨きをかけるためにも、積極的に自分がサービスの受け手側に立つことを奨励する仕組みを「あえて」つくっている。

この制度はすでに20年以上運用され続けており、年間の投資額は1億円近くにのぼるそうです。

逆に、彼らがあえてやらないことは「他の人でもできること」。

これには象徴的なエピソードがあります。2007年ごろ、事業が順調に成長を続けていたときに、「ビジネスホテルをやりませんか?」という提案が社内外のさまざまなところであったと言います。

ビジネスホテルは特定のブランドを一定のレギュレーションで展開していくのが基本戦

略。事業としての合理性はPlan・Do・Seeがそれまでに手がけていた空間よりも高く、大きな利益が見込まれました。しかし彼らは、決してやろうとはしませんでした。その理由は「お金さえあれば他の人でもできるから」。

Plan・Do・Seeが運営する空間はすべて唯一無二であり、徹底的にお客様をもてなす空間であるべきだと考えています。なぜなら、「日本のおもてなしを世界中の人々に届ける会社」だからです。

合理的に考えれば、収益性の高いビジネスチャンスがあれば迷わずに投資を決めるべきかもしれません。しかし、それがたとえどれだけ儲かるビジネスだったとしても、自分たちのあり方に徹底的にこだわり、軸から外れる事業は「あえてやらない」と決める。その意思決定ができるかどうか。それに「独自の価値創出」ができるか否かがかかってくるのだと思います。

このように、**「あえてやること」「あえてやらないこと」を決めることで、結果として自社のやるべきことを研ぎ澄まし、強みを磨いていくことにもつながっていきます。**

卓越性につながる「提供価値」が明確になっているか

「あなたの会社はお客様に何を提供していますか?」

こう聞かれたら、あなたはどう答えるでしょうか。そしてあなたの答えは、果たして本当にお客様がお金を払って購入しているものでしょうか。

たとえば、あるバーがあったとしましょう。マスターは自分の店の価値を「センスのいい空間と美味しいお酒」だと考えているとします。けれど何人かの常連に話を聞いてみたところ、「聞き上手のマスターに話を聞いてほしくて通っている」人が多いことがわかってきました。その場合、競合と比較したときの卓越性は「聞き上手であること」であり、提供価値は「モヤモヤした気持ちがすっきりと晴れること」と言えるかもしれません。

このように、自分のことは案外、自分ではわからないもの。自分たちの「提供価値はこれだ」と思っていたものが、必ずしも顧客が買っているものとは限らない。一歩引いて客観的に見てみると、自分が強みだと思っていたものが、他社のほうが格段に優れているということもよくある話です。

ここまで、「好かれたい顧客/嫌われてもいい顧客」を通じて「真の顧客」を考え、「あえてやること/あえてやらないこと」を考えることで、譲ることのできない行動の裏に潜む「自分たちらしさ」を明らかにしてきました。

そのうえで世の中や業界の常識にとらわれることなく、顧客に本当に必要な価値を意識的、かつ継続的に創造するためには、**自社が顧客に選ばれている「提供価値」を言語化し、明確にしておく**必要があります。そして、その提供価値をどこにも追随されることのない、卓越した強みへと磨き続けていくことが重要です。

「非合理だけどやりたいこと」が自分たちにしかできないこと

Plan・Do・Seeの卓越性は何か、という問いに三原氏は次の2つをあげています。

①人材（朗らかで、謙虚で、素直な社員）
②投資余力と投資基準

ひとつめの「人材」に力を入れはじめたきっかけは、少し前に触れた創業期の困難でした。苦境に陥ったとき、信頼していたはずの人物が退職していくことを経験した彼らは、苦しみのなかからひとつのことを学びました。それは、「スキルや経験ではなく、心からサービスを愛する、人間性のある仲間を増やさないといけない」ということです。

当時の採用は、社内にはない必要な経験を補うためのスキル偏重の採用。けれど、結果的にそれではうまくいかず、その後、新卒採用に力を入れるようになりました。

毎年20人を採用するために、全社をあげて1万人以上の学生に会うといいます。多いときではひとりの学生に対して7、8回も面談をするそうです。

その際に見極めるポイントが、スキルや能力ではなく「朗らかさ・謙虚さ・素直さ」があるかどうか、そして、過去の人生を遡ったときに仲間になる必然性があるかどうか、つまり同志になれるかということです。

三原氏は自分たちが提供している価値をこう語ります。

「朗らかで、謙虚で、素直で、人を喜ばせたいと思っている人たちが集まって、まるで小学生のように明日が早く来ないかなあとワクワクしている。そんな気持ちで社員がみんな毎日最高に楽しく働く。お客様にはそういう人間に触れていただくことで、最高にうれしくなっていただく。それこそがPlan・Do・Seeの価値であり、他社には真似できないものだと思います」

事実、Plan・Do・Seeは約60カ国で働きがいに関する調査を行っているGreat Place to Workの調査で、1000人以上の社員がいる会社を対象とした「大規模部門」において、国内では2019年度で2位、女性部門では3年連続の1位、アジアで5位という結果を残しています。

会社が目指す姿に心から共感し、いきいきと楽しんで働く仲間たちが、「I am one of the customers.」を合言葉に日々現場を進化させていく。一日一日の積み重ねは小さいものだとしても、積もり積もった「進化」の山が、気づけば誰にも真似できない価値になっていることは想像に難くないでしょう。

2つめの「投資余力と投資基準」については、前述の「Rush to Stay & Dinner」という制度しかり、彼らの事業の根幹である空間づくりにも表れています。

Plan・Do・Seeの空間といえば冒頭でも触れたように、長い歴史と独自のストーリーを持ったハードの面に目が行きがちですが、もちろんハード的な優位性はあるものの、それ以上にひとつの空間に他ではかけられないほどのお金と人を投資することこそが、独自の価値を生み出しているといいます。

たとえば有楽町にある「6th by ORIENTAL HOTEL」という空間は、150坪という空間の内装に3億円以上をかけ、さらには30人以上の社員を配置しています。もし仮に短期的な利益を最優先する企業（あるいはそうせざるをえない企業）がこの空間を手がけたとしたら、果たしてそんなに投資するでしょうか。

業界水準から考えると非常識ともいえる投資です。それでもやる理由は「もっといい空間をつくりたいから」。この「非合理だけどやりたい」という想いが、結果的に独自の価値につながっている。

儲かって簡単に真似できることはすぐに真似されます。真似をする競合が増えれば自分たちの競争力が落ちていく。だからこそ重要なのは、それ自体が参入障壁になるような他社が真似できないことをやることです。

全社をあげて膨大な数の学生に会う採用活動。業界の常識的水準をものともしない空間づくりへの異常なこだわり。

ありたい姿を軸にした、こういった**「非合理だけどやりたいこと」こそが、顧客が本当に必要としている価値を創造することにつながっていく**のです。

世の中や業界の常識にとらわれず、顧客に本当に必要な価値を創造している。

Chapter

1 | 志を言語化する

2 | 志を実践する

3 | 叶え合う組織にする

4 | 独自の価値を創造する

5 | 志に紐づいて事業展開する

6 | 志でファンをつくる

7 | 志で未来をひらく

収益性が高くても、志に反することをやっていないか

志経営において、企業は利益追求のためだけに経営するのではありません。儲けることはもちろん大切ですが、それは志を実現していくための手段です。人に、社会に、役に立つビジネスをしているからこそ、結果として儲かるのであって（もちろん戦略的にそれをやるのでたまたま儲かるわけではないのですが）、儲けるためにやるわけではありません。

そもそも、言っていることとやっていることが違っていては、信用されませんよね。いかに収益性がよくても、志とつながらないことをやっていては、やがて信頼されなくなります。

とはいえ、果たして本当に志は利益になるのか。それは理想ではないか、こう言われることもあります。たしかにすべての収益事業を志と一致させることは難しいかもしれません。けれど、志を掲げ、その志を体現したビジネスが事業の柱になっている企業は強いと

いうのも事実。まさに論語と算盤ですが、理想はやはり追い求めるべきです。

とくに昨今は時代が大きく変わろうとしています。このままではいけないと考える経営者の方も多いでしょう。今までの事業だけではダメだ、これからの時代に合った新しい事業を生み出さなければ、という声を聞くことも増えています。見方によってはこれはチャンスでもあります。理想を実現するための事業をつくる、その機会にするという意味です。

では、事業を考えるときに大切なことはなんでしょうか。

変化の大きな時代こそ志に立ち返る

「これから時代はどう変化していくのか」「今、消費者が求めるものは何か」、そういったことを考えるために、市場データを読み解くことはもちろん大切です。

一方で、時代の流ればかりを気にしていると、時代の波に流されてしまう恐れもある。渦中に巻き込まれるのではなく、どっしりと立ち、潮流を俯瞰して見極めて次の一手を打たなければいけません。

こんなときこそ、最も大事なことは**「流されない軸を持つこと」**。つまり、志に立ち返ること。そのうえで自社の志を実現していくためには何をすべきか、世の中のニーズをとらえながら、自分たちにしかできない事業を考えていくべきなのだと思います。

実際、100年を越えるような長寿企業の多くは、志を軸にした経営をしています。

いわば**「志ドリブンでの事業づくり」**。使命を出発点とした象徴商品・サービス開発です。このプロセスには5つのステップがあります。

ステップ1　自社のミッションに立ち返り、実現のために「成し遂げること」を考える

すべての事業（商品・サービス）は自社の志を実現するためにあります。ですから、まずは志に軸足を置きます。そのうえで世の中や時代の流れを俯瞰し、社会のどんな課題（ニーズ）に取り組むべきかを考える。**「志とニーズの接点を見つける」**思考とも言えます。

この順番が大切です。

ステップ2　「誰を顧客にするか」を選ぶ

社会のどんな課題を解決するか、そのために何に取り組むのかを決めたら、顧客を選ぶことが大切です。ここで重要なのは、「購入してくれそうな人を選ぶ」という思考ではなく、**「課題解決のために必要な人を選ぶ」**ことです。

ステップ3 設定した顧客から選ばれるために、「どんな価値を提供すべきか」

「課題解決のために必要な人」を顧客として選んだら、次はその顧客に選ばれるようにならなければいけません。つまり、選ばれるためにはどんな価値を提供すべきかを考えることが必要です。そして「課題解決のために必要な人＝購入してくれる人」にしていく。大事なことなので繰り返しますが、**「まず顧客を選び、次にその顧客から選ばれるために必要な価値を考える」**という順番です。すると、ここに理想と現実のギャップ（難題）が生まれます。このギャップを解くことで、唯一無二の提供価値やコンセプトが見えてきます。

ステップ4

顧客が求める価値を発揮するためにはどのような商品を提供すべきか、コンセプトを定める

提供すべき価値が決まったら、次はあらためて事業が果たすべき使命を考え、コンセプト（事業アイデンティティ）を言語化していきます。このときに大切なのは、**差別性と卓越性**。競合と比べて明確に違うポジションを獲得できるものかどうか、それは自社の強みを活かしていて、真似できないものになれるかどうかという視点です。

ステップ5

コンセプトを実現するためのビジネスモデルを考える

コンセプトが完成したら、そのアイデンティティに則ってビジネスモデルを明確にしていきます。そのときに大切なのは、卓越性を生み出す「自社の強み」に立脚しているか。そして、シンプルに説明できるメカニズムになっているか。さらに、それを実行し続けることで、他社との差がより一層広がっていく設計になっているとベストです。いわば、**「差積化」（詳細はChapter6参照）が自然と行われるようなビジネスモデル**を目指せるといいでしょう。

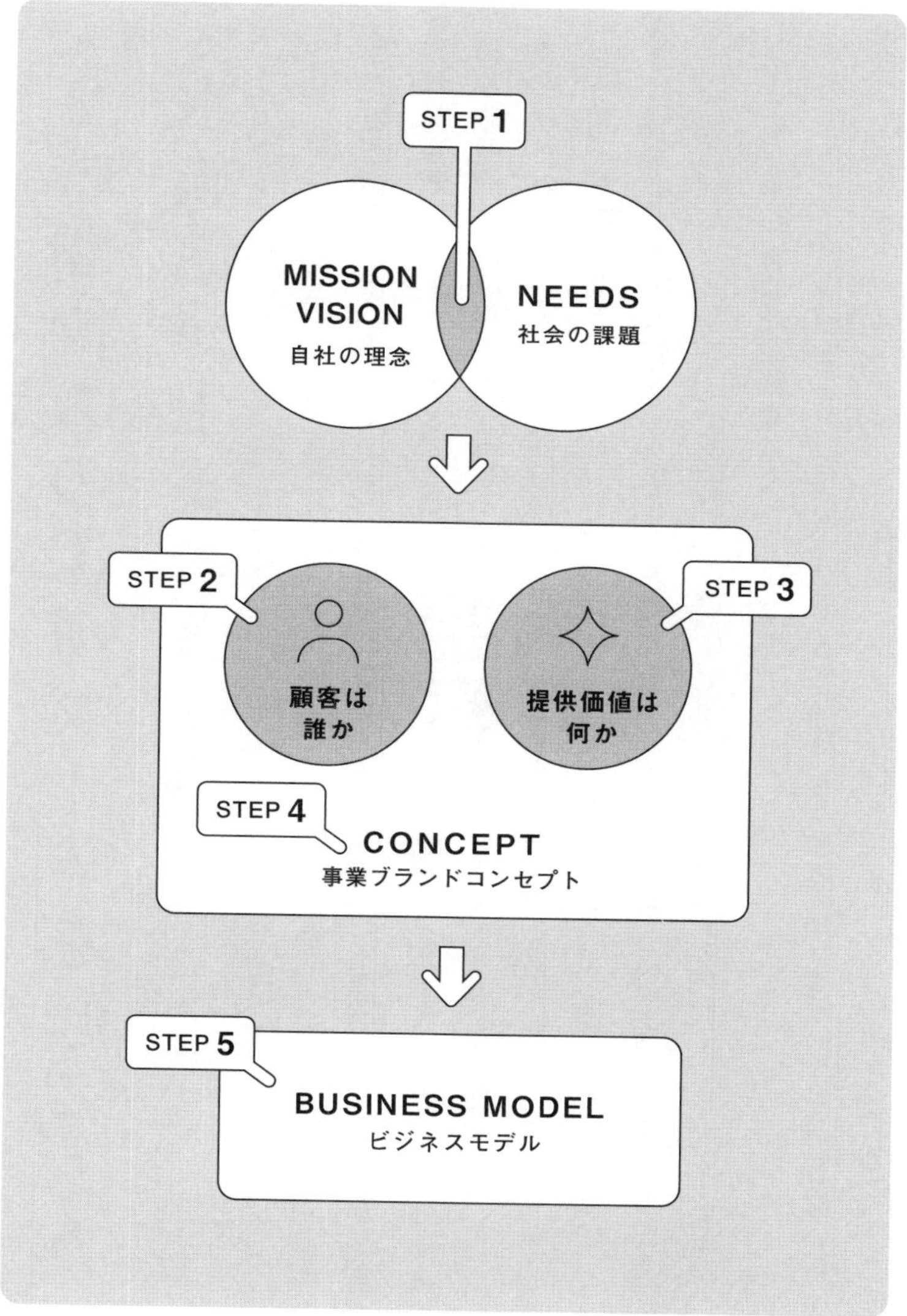
STEP 1
MISSION
VISION
自社の理念
NEEDS
社会の課題
STEP 2
顧客は
誰か
STEP 3
提供価値は
何か
STEP 4
CONCEPT
事業ブランドコンセプト
STEP 5
BUSINESS MODEL
ビジネスモデル

2時間待ちの深海ブームを起こした水族館が生まれるまで

さきほど紹介した「志ドリブンでの事業づくり」のプロセスを実践しているのが、「沼津港深海水族館　シーラカンス・ミュージアム」。日本一の深度（最深部2500メートル）を誇る駿河湾の玄関口・沼津港につくられた「深海」をテーマとした水族館です。

手がけたのは、創業100年を越える地元の老舗水産会社、佐政水産。初代社長は沼津に港を開いた功労者とも言われ、実際に同社には沼津港の設計図が保管されています。2代目は沼津に干物産業をつくり出した人物。かつて沼津は日本一の干物の生産地でしたが、その礎を築いたと言われています。3代目は沼津魚市場の代表を務め、沼津の水産業のためにさまざまな施設や設備をつくってきました。

その佐政水産の事例を5つのステップにあてはめて、具体的に見ていきたいと思います。なお、ステップ3では「どのような難題が生まれたのか」という点に踏み込むため、2段階に分けて説明します。

ステップ1　「沼津を活性化する」という使命のために町の誇りをつくる

佐政水産のミッションは「沼津を活性化する」こと。目指すビジョンは「いつも活気と笑顔あふれる沼津にする」ことです。4代目社長となる佐藤慎一郎氏は、そのために何をなすべきかと考え、そのひとつとして人口減少の問題に取り組むことを決めました。

というのも、沼津市の人口は総務省「住民基本台帳に基づく人口、人口動態及び世帯数」によると、2012年に1439人の人口減で全国ワースト7位。2013年には1239人でワースト6位に上昇。転出超過で考えると、水族館が開業した2011年前後の10年間は、ほとんどの年で静岡県ワースト1位。佐藤氏はその危機感を強く感じていました。

「なかでも沼津港のある第二地区は、沼津市の平均を大幅に上回る33%減。私自身の実感値としても若い人がずいぶん減ったと感じており、危機感を拭えません。たとえば、私が子どものときは1学年に132人いた第二小学校の同級生も、当時は1学年に26人。かつて沼津港周辺に住んでいた同級生22人のうち、今も沼津港周辺に住んでいるのは私を含めてたったの3人です。9割の同級生が離れてしまい戻ってきません」

この問題を解決するためには、沼津に「住みたくなる魅力」をつくり、そこに「働きがいのある仕事」をつくり出さなければなりません。そのためにも、ここに多くの人が来たくなる場所をつくり出し、地元を活性化するようなビジネスを生み出す必要があります。

ステップ2　観光客を呼び寄せ、地元の人にも愛される

実は、沼津はとても好立地です。すぐ近くには富士山、箱根、伊豆という有名な観光地があり、この3つの観光地を合計すると、年間約8948万人が近隣まで来ているとわかりました。つまり沼津港自体が目的地となるようなシンボルをつくり、この母集団（観光客）を沼津まで移動させることができれば、今よりも多くの観光客で賑わう可能性がある。そして地元の人に愛される施設ができれば活性化の礎になる。

そこで目を付けたのが駿河湾。2500メートルとも言われる日本一の深海があり、世

界的にも有名な場所です。もともと沼津は100年を越える深海漁の歴史がある町でした。しかし観光客はもちろん、地元の人にさえそのことはほとんど知られていません。これはチャンスととらえ、沼津を「深海の町」にしようと考えたのです。

ステップ3-1 深海水族館なんてできるわけがない、という業界の常識を覆す

「沼津には日本一の深海がある」という誇りをつくる。そのために、沼津港の目の前に「港八十三番地」という商業施設をつくり、その目玉施設が深海水族館でした。しかし、それは決して簡単な挑戦ではありません。

実は深海生物に特化した水族館をつくると思い立ったとき、多くの業界関係者から「できるわけがない」と一蹴されたのです。というのも、深海生物は捕獲が難しく、輸送中にもすぐ死んでしまい、さらに飼育方法がほとんどわかっていないから。実際に、深海生物をメインにした水族館は世界中にも類を見ないそうです。

つまり、展示すべき深海生物を集めること自体が難しいうえに、せっかく捕獲できても

水族館まで運べない可能性もある。かつ地上で生きられないかもしれない。ないないづくしで、どう考えても1年中展示することができない。だから水族館として成り立たないというのが業界の常識でした。それなのに、深海生物に特化した水族館をやるなんて無謀すぎる。

けれど、佐藤氏は考えました。

「深海漁をやってきた沼津なら、底引き網の漁師に相談すれば深海生物を捕獲できる。しかも、急深な駿河湾であれば漁場から1時間で戻ってこられるため、輸送時間が短く、生物への負担を減らすことができる。さらに一番の強みは、目の前にある駿河湾が日本一深い海であるということ。沼津なら十分できる可能性がある。逆に沼津にできないならば、他のどの地域にもできないのではないか。それくらい難しい挑戦だからこそ、実現すればどこにも負けない施設になる」

ところが不運は重なります。オープンを予定していたのは2011年。そう、東日本大震災があった年です。その年に「海の目の前に水族館をつくる」ということは、さらなる向かい風でした。ただでさえ十分な観光客が来ていない沼津港において、それは致命的ではないか。そんな意見もありましたが、「やる」と決断した背景には同社の使命（＝沼津を活性化する）がありました。

年々進む人口減少を考えると、どうしても先送りにはできない。それに一番難しい条件で成功できるなら、きっとずっとうまくいくはず。結果として沼津の活性化につながるだろう、と。使命を軸に考えれば、揺るぎない覚悟が生まれ、その覚悟はどんな逆境も乗り越えていける原動力になります。

ステップ3-2 見たことのないものを見たい！ その好奇心をくすぐれ

沼津港深海水族館には、もうひとつ難題がありました。ビジネスとして成立させるためには、毎年20万人以上の来館者が必要でしたが、当時、沼津港への来港者数は約100万人。5人に1人がやって来なければならない計算です。たとえるなら今この本を読んでいるみなさんの場所（会社、自宅、カフェなど）の前を通り過ぎる人のうち、5人に1人がみなさんに会うためにやって来る。果たして、このハードルをどうクリアすればいいのか。

限られた来港者数のなかから入場者数を確保する。そのためには新規顧客だけでは難しい。一度来た顧客が何度もやって来る（リピートしてもらうこと）が必須条件でした。もちろん、そもそも来港者数を増やす必要もあります。しかし、潤沢な広告費があるわけではありません。

口コミなどの評判で人が来るようにならなければならない一方で、当時の深海生物のイメージは「グロテスク」であり、「マニアック」な生物。見たいと思う人自体がどの程度いるのか、そんな悩みもありました。

そこで、こうした課題を払拭するためにはどのようなブランドにならなければならないのか、議論を重ねた結果ヒントが見えてきました。それは「深海のことは10万分の1もわかっていない。宇宙の探索と同じようなも

深海のなかを探索するような内観デザイン（佐政水産所有の内部資料より）

の」という事実でした。

未知への探検。未知との遭遇。グロテスクは怖いもの見たさにもなる。これはワクワクするのではないか。「好奇心」は人間の本質的な欲求であり、一過性の流行で消えていくようなニーズではありません（この「流行に流されない本質的なニーズを見つける」ということはとても重要です）。しかも、そう考えると「捕獲が難しく、地上で生き続けることが難しい」というデメリットは強力な武器になります。

なぜなら、「お目当ての生物は今行かなければ見られなくなるかもしれない」という思いは、好奇心をくすぐるはずだからです。なにより珍しい生物を見たら人に言いたくなる。これは口コミや評判を呼び、SNSでの拡散も見込めるかもしれない。「見たことのないものを見たいという好奇心」を狙おう、これを提供価値にしようと決めました。

ステップ4 「深海が、いのちの謎を解く。」コンセプトに込めた戦略

さて、結果として生まれたコンセプトはどのようなものになったのか。水族館の事業ミッションを見てみましょう。

事業
ミッション

深海が、いのちの謎を解く。

約70年前、コモロ諸島で発見されたシーラカンスは、生きた化石と呼ばれ、私たちに大きな衝撃を与えました。鎧のようにかたいウロコ。手足のように動くヒレ。青黒く、巨大なカラダ。はじめて脊柱動物が誕生した、3億5000万年前と変わらぬ姿で、なんと！　生き続けていたのです。「もしかしたら、ほかにも太古の生物が生き残っているんじゃないか」そんな期待すら膨らんできます。最近は、デメニギスという魚も見つかりました。驚くことに、頭部が透明。人類の想像をはるかに超えた、こんな生き物がいたなんて！　深海は、まさに神秘の世界です。1000mも潜れば、太陽の光も届かない、漆黒の闇。何があるのか、何が起きているのか…？　ベールに包まれたままです。あなたなら、どんな深海生物を想像しますか。恐竜の生き残り？　奇妙な魚？　発見したら、歴史を変えるかもしれませんね。すべての生命は海から生まれたと言われています。偶然か、必然か。人を育む羊水と海水は、成分がほぼ同じだそうです。きっと、いのちの謎を解くカギは、深海に眠っているのだと思います。だからこそ。生命とは何か。進化とは何か。深海に光をあてることで、地球最大の謎を解きあかすきっかけになりたい。それが、私たちの使命です。

実はこのミッションには、圧倒的な差別化を生み出すための戦略が込められています。特に顕著なのは、「発見したら、歴史を変えるかもしれません」「地球最大の謎を解きあかすきっかけになりたい」という意思表示です。

つまり、自分たちのやるべきことは「目の前の深海・駿河湾を探索し、見たことがない生物を捕獲し、その生態を研究して発表することである」と定義したのです。一般的に水族館のやるべきことは、見たいものがいつ行っても展示されていること。それに対して、「展示することを約束しない」水族館にすると決めたわけです。

「展示」ではなく「発見」を価値として約束する、というポジショニング。こう定義することで「深海水族館なんてできるわけがない」と言われた弱点が、独自の強みに変化していきます。「何が獲れるかわからない。10万分の1もわかっていない深海」「捕獲も飼育も難しい」という深海生物の特徴は、「いつ行っても何がいるかわからない」「見たいものがあったら、今すぐ行かないと見られなくなるかもしれない」という魅力に変換されます。

コンセプト＝事業アイデンティティづくりは、戦略づくりです。今までにない圧倒的に差別化されたポジショニングを定義しているかどうか、その背景には真似できない卓越性があることが重要です。

ちなみに、この水族館には日本の調査隊が捕獲した5体の「シーラカンス」すべてが展示されています。しかもそのうちの2体は世界でもここにしかない冷凍個体。つまり、生です。あまりに貴重なので、納入前にはCTスキャンを行い、資料として研

世界でも希少な冷凍個体のシーラカンス（佐政水産所有の内部資料より）

究機関にも提供したくらいです。しかし、「シーラカンスがいる水族館」というコンセプトにはしませんでした。「世界でここにしかない！」と言えるにもかかわらず。

これ、なぜだと思いますか？

それは、動かない（死んでいる）からです。やはり動かないと面白くない。一回見ると飽きてしまう。それではリピートしないし、そもそも「いつ行っても新しい何かを発見する」水族館にはなりません。もちろん、初めてのお客様を呼ぶための客寄せパンダとしてはかなり魅力的です。だから、2階に「シーラカンス・ミュージアム」として展示していますし、プロモーションにも使います。けれど、提供価値のど真ん中にはならない。

ステップ5　珍しい生物をＳＮＳで見せてしまう逆転の発想

「展示ではなく発見」「いのちの謎を解く」と定義した深海水族館の場合はどうか。「発見」だから日々、目の前の深海（駿河湾）へ漁に出かけることが重要な仕事のひとつになります。そして、「見たことないような深海生物」を見つけること。「謎を解く」ために捕獲した生物はひとつひとつ別の水槽に入れて、「何を食べているのか」「どう繁殖するのか」などの生態を研究することも大切です。

もうひとつ、2011年当時として珍しい取り組みだったのが、こうした一連の流れを次々とYouTubeなどに投稿したこと。

普通に考えれば、見たことのないような珍しい生物を捕獲した場合は、誰でも見られるSNSにアップするのではなく、「ぜひ見に来てください」と広告するでしょう。

ところが、どんどん投稿していくという逆のことを徹底したのです。過去には古代魚ラブカを捕獲したこともあり、日本で初めて地上で泳がせるというトップニュースを実現したのです

水中で泳ぐラブカの様子（沼津港深海水族館公式YouTubeより）

が、それも投稿しています。

せっかくのネタをもったいない！　と思うかもしれませんが、ここに仕掛けがあります。それこそが好奇心をくすぐる戦略だからです。

ＹｏｕＴｕｂｅで珍しい生物を見た人がどう思うかというと、「これは実物が見たい！」という気持ちになる。実際に「今ホームページにあがっている生物はまだいますか？」という問い合わせが入り、「今から行きます」と新幹線に乗ってやって来る人もいるそうです。たくさん投稿することでオーガニック検索にも引っかかりやすくなり、ＳＮＳで拡散されることもあります。

さらに、バラエティ番組や情報番組などに対して、珍しい生物の情報や深海生物を捕まえに行く企画など、ネタの提供も積極的に行いました。結果として、オープン以来メディアの取材がひっきりなしにくるため、広告費用は限りなくゼロに近い運営を実現しています。

沼津港自体への観光客数も増加し、オープン当初は約１００万人だった来港者数も、コロナ禍前の２０１９年には約１８０万人を突破。さらに「深海ブランド」を活かして、近隣のお店では「深海を扱った商品」がいくつも生まれているそうです。

創業50年目。企業を変革したゴミ袋の秘密

もうひとつの事例として、東京都渋谷区にある日本サニパック株式会社を紹介したいと思います。日本サニパック株式会社はゴミ袋を製造・販売している会社です。

さきほどの佐政水産がまったく新しい事業をつくった事例とすれば、こちらは既存の事業を「志に合わせてリニューアル」した事例になります。

ビジネスモデルと社員のモチベーション、両輪が大事

同社が誕生したのは1970年。高度経済成長の真っ只中。日本がどんどん経済発展を遂げる一方、ゴミや公害の問題が浮き彫りになっていた時代。今でこそ日本は「街にゴミ

が落ちていない国」として、海外からの旅行者などに驚かれますが、１９６０年代ごろまでは衛生的には決していいとは言えない国でした。

しかし、１９６４年に東京オリンピックが開催されるということで、日本が世界の目にさらされることになる。世界中からたくさんの人をお迎えするためには、街をきれいにしなければならない。

そこで美化運動が起きて、人々の意識も少しずつ変わっていくわけです。その流れで誕生したのがポリバケツでした。容器の出し入れや回収後の洗浄など、手を煩わせる部分もありました。そうした状況のなかで生まれたのが日本サニパック。自治体の指定袋でしかなかった紙製ゴミ袋を、日本で初めて市販した会社です。

以来半世紀以上にわたって、ゴミ袋や食品衛生袋の企画・製造・販売をしてきたのですが、ちょうど設立50年目の２０２０年に、あらためて企業理念（つまり志）を言語化することにしました。

実は業界的に厳しい環境が続いていたこともあり、インドネシアにある工場をスマートファクトリー化するなど、同社としてもさまざまな改革を行っていました。次世代型ビジネスモデルに転換していくためには、そもそも「なんのためにある会社なのか」という根底から定義し直す必要があると考えたのです。

また、もうひとつ理由がありました。それは、「社員にとって誇りを持って働ける会社にしたい」という想いです。

当時を振り返って、社長の井上充治《みつはる》氏はこんなことを言っています。

「2014年ごろでしょうか。私が社長に就任する前のことですが、社員の結婚式に出席すると、ゴミ袋メーカーだと聞いた親族の方々が心配するんです。こんな状況では社員が仕事や会社に誇りを持てないんじゃないか。そんな気がしました」

社員が誇りを持てていないかもしれない。そんな状態では、いくらビジネスモデルが優秀でもいつかは疲弊するかもしれません。逆に、社員のモチベーションが高ければ、そのビジネスモデルはきっと加速していく。

その結婚式中、井上氏があらためて周囲の方々に「うちの会社がないと日本全国3000万人の人がゴミだらけになっちゃうんですよ」と話すと、「それは大切な会社ですね!」とうれしそうに返ってきたそうです。そんな体験が背景にあり、自分たちの事業の意義を明確にする必要があると思ったそうです。

そこで2019年から2020年にかけて、社長をはじめ社員の皆さんと一緒に、あらためて日本サニパックの歴史を振り返りながら「志ドリブンでの事業づくり」を考えることになりました。日本で初めて紙製ゴミ袋を市販した会社であること、そしてそのゴミ袋を広めてきたことにはどんな意味があるのか。それはもしかしたら、一人ひとりの「ゴミを正しく捨てる」行為を当たり前にし、街をきれいにしてきた歴史と言えるのではないか。

今、日本はワールドカップなどでサポーターが試合後にゴミを拾う様子がニュースになることもありますが、ああいう「心がきれいな」日本人を育ててきたことにも、何かしら影響はあったのではないか。

現代に目を向ければ、自社工場のあるインドネシアでは町のいたるところにゴミは落ちているし、海岸にはゴミが流れ着いてくる。郊外のゴミ山では牛がゴミを食べていたり、悪臭や煙が立ち上るすぐそばに人が住んでいたりする。

世界にはまだこういう光景が広がっている。日本がきれいになってきたその裏で、少なからず貢献してきた私たちには、自分たちにしかできないことがあるはずだ。そう考えて生まれたコーポレートスローガンが「きれいな地球と、きれいな心を。」。そしてミッションが「清潔で快適に暮らすためのソーシャルインフラになる。」こと。結果、実現したいビジョンは「世界と手を取り合って、地球を美しくする。」ことです。

これらを実現していくために、自分たちならではの強みを活かした提供価値は、「一歩先を行く、環境品質。」と「環境意識を高める、共創活動。」の2つを定めました。

使うだけで環境問題に貢献していくような、これからの時代に必要な商品をつくるとともに、それを販売するだけでなく、使う人の意識も変えていく。両方のかけ算があることで、地球はきれいになっていくはずだという信念が込められています。

志は掲げただけでは何も変わらない

さて、ここでちょっと立ち止まって考えてみてください。

志を言語化して、たいそうなことを掲げることは誰でもできます。けれど、企業の実態が変わらなければ何も変わりません。

たとえば、営業社員からすれば売っている商品が変わらなければ、「会社はすごいこと言っていますが、私の今日の営業活動は何も変わらない」という状況です。工場だってつくっている商品が変わらなければ、全然ピンとこない。下手をすると有言不実行に感じるだけ。「会社の上層部はなんだかいいこと言ってますけど、何もやってないですよね」という不信感につながるかもしれませんよね。ギャップが大きいほど社員の心は離れていくし、顧客や世の中からも信頼されなくなります。

だから、必要なのは言行一致です。掲げた志をちゃんと行動に移すこと。一番わかりやすいのは「商品」をつくることだと思います。志を体現した、まさに象徴的な商品を生み出すか、もしくは既存の商品をリニューアルして事業の柱へと成長させることです。

世界は今、脱プラスチック社会へと動いています。同社はプラスチック製品の会社ですから、時代的には逆風です。そんな状況にあって、志ドリブンで考えたら何をすべきか。

考えた結果、2030年までにプラスチック使用量を半分に減らし、CO_2排出量を40%削減しようと決めたのです。なかなか大きな目標ですが、すべての商品を環境配慮型商品に切り替えたら実現できるんじゃないか。その1丁目1番地となる商品が、2021年4月に発売された「nocoo（ノクー）」です。

ところで、なぜ「nocoo」という名前にしたのかお気づきでしょうか？

「NO CO_2」、つまり「NO COO」で、「nocoo」です。そのまんまですね（笑）。

でも、これくらいわかりやすいほうがいい。なぜなら、商品だけ見たらゴミ袋の違いなんてわかりませんから。どんなメリットがあるのか、ネーミングで語りやすいほうがいいのです。

実はマーケティング的にもかなり戦略的な名前になっています。環境問題について消費者の関心はどこにあるのか、独自に調査をしてみたところ、1位は「地球温暖化」で、そのための「CO_2削減」でした。だから、「いつものゴミ捨てでCO_2削減ができますよ」というメッセージにしました。

具体的にはどういう商品かというと、天然ライムストーン（石灰石）を活用しています。石灰石の主成分である炭酸カルシウムをポリエチレンに配合することで、プラ

nocoo［ノクー］ゴミ袋の写真（渋谷区お花畑バージョンのデザイン）

スチック使用量を25%削減。製造工程においても、再生可能エネルギーを使用することでCO_2を削減。

結果、ゴミ袋製造時と燃焼時におけるCO_2排出量が、ポリエチレン100%のゴミ袋と比べて約20%削減できるという商品です。

さらに同社のすごいところは、一般的なゴミ袋と変わらない価格で提供していること。環境にいい付加価値の高い商品なんだから、少しくらい値段が高くても売れるのではないか？　そう思う方もいらっしゃるでしょう。しかし、ゴミ袋に関してはそうもいきません。残念なことに、消費者の本音としては「最終的には捨ててしまうものだから、お金をかけたくない」という声があるからです。事実、調査結果によると、ゴミ袋購入で重視する点として「価格の安さ」が2番目にあげられていました。

インフラになる。そして、みんなで手を取り合って地球をきれいにする。そう掲げている企業ですから、「意識の高い一部の人に売れればいい」という商品ではダメ。みんなが買いやすい商品でなければなりません。

これを実現するには相当な企業努力があったはずですが、自社工場を持ち、研究開発から製造、そして直販まで一貫してできる同社だからこそ実現できたことでもあります。まさに、自社にしかできない社会への役立ち方を見つけたのです。そしてそれによって、とんでもないメッセージを世の中に提示することができました。

「普通のゴミ袋を使うのか、CO_2削減になるゴミ袋を使うのか。値段は一緒ですが、どちらを選びますか？」

正直、これを言われてしまうと、買わない理由がなくなってしまいませんか？

実際に、発売からわずか1年で渋谷区をはじめ多くの自治体で推奨ゴミ袋に認定され、大手小売チェーンなど100社以上で販売されることになりました。業績は好調で、2021年度（2022年3月期）は過去最高の売上と利益を達成。

2022年度は、世界的な原油高および円安の影響もあって苦しんでいますが、それでも社内の雰囲気は明るく元気です。プラスチック使用量を減らしていますから、原油高の影響を競合他社よりも受けにくいということで、多くのメディアで取り上げられています。

志ドリブンで発想しているか

佐政水産の沼津港深海水族館も、日本サニパックのnocooも、非常にイノベーティブな事業です。

なぜこういうものが生み出せたのか。それは志を軸に考えたからです。

一般的なセオリーで言えば、「市場調査でお客様のニーズを探る」ことがスタートかもしれません。それはもちろん否定しませんが、ニーズ起点で商品をつくると、「そのニーズに応えようとしてつくる」わけですから、他社と似たような商品になる可能性が高い。コモディティ化が進み、差別化されなくなってしまいます。

そもそも今までにない商品をつくろうと思ったら、それはお客様の想像を超えるはず。ですから調査しても出てこないニーズのはずです。

極端な例ですが、コーラが存在しなかった時代に「どんな飲料が飲みたいか」という調査をしたとして、「コーラ味が飲みたい」という答えが出たでしょうか。

だから大切なことは、**志ドリブンで考えたら何をすべきか、インサイドアウトで発想す**

ること。そのうえで顧客のニーズを探る。その間にはきっとギャップが生まれるので、そのギャップを埋めるために企業努力をしていく。自分たちの強みを活かして試行錯誤する。その結果、イノベーションが起きていくのだと思います。

第5の原則

志に基づいた事業が収益の柱となっている。

Chapter

1 | 志を言語化する

2 | 志を実践する

3 | 叶え合う組織にする

4 | 独自の価値を創造する

5 | 志に紐づいて事業展開する

6 | 志でファンをつくる

7 | 志で未来をひらく

真似できないストーリーはあるか

テクノロジーが進化し、情報であふれる現代。人々の趣味嗜好も多様化し、マーケットの変化もこれまで以上に激しくなっています。そのような状況では、自分たちの「推しポイント」を列挙し、情報の海に向けて発信したところで、選ばれないどころか発見すらされないというのが現実です。

Chapter1ではその企業にしか言えない「果たすべき使命（ミッション）」や「実現したい未来（ビジョン）」を明確にすることの大切さを説明しましたが、同じように世の中から選ばれる存在になるためには、「社会・時代の課題・要請」に「自分たちにしかできないやり方」で応えること。そして、それをストーリーとして伝えていくことが必要です。

たとえば、スーパーで売られているほとんどのものは美味しいし、ほとんどの商品は便利で機能的には十分なものであふれています。そのなかでモノとしての見た目や効能はまったく同じ商品があったとして、Aには共感を呼ぶ生産者の想いがストーリーとして掲載されている。一方、Bには特にない。あなたはどちらを選ぶでしょうか？

商品やサービスとしての機能はまったく同じにもかかわらず、ストーリーの有無で差がついてしまう。なぜなら、**積み上げてきたストーリー（どんな想いで立ち上げられ、過去から現在に至るまでどんな苦難を乗り越え、そしてどんな未来を実現しようとしているのか）を真似することはできない**から。たとえ表面的に真似できたとしても、顧客は「二番煎じ」をきっと見破るはずです。

おそらくこの本を読んでいただいているみなさんにも、機能や価格ではなく、その存在が持つ考え方や姿勢、ストーリーなどで選んでいるモノやサービスが少なからずあるはず。そして、そういったものほど簡単には他に乗り換えないという実感もあると思います。

さらに、そういう人ほど誰かに頼まれたわけでもないのに、好意的な評判を周囲に広め、自ら進んで仲間を増やしてくれる。

「志でファンをつくる」ことは、競合へのスイッチングコストを高めるだけでなく、新規顧客獲得のコストを下げることにもつながります。

この章では、そのために何が必要なのかを見ていきます。

お客様は志に共感して、商品・サービスを選んでいるか

あなたが何かを応援したいと思うとき。そこにはどんな理由がありますか？　その世界観が好きだから？　応援している自分にメリットがあるから？　同じものを好きな人とつながれるから？

何かを応援する理由は人それぞれでしょう。ですが、数ある理由のなかでも「実現しようとしている未来、世界への共感」が人を惹きつける強い力になるのではないかと思います。そして、それは企業に対しても同じことが言えます。

心からの共感が、
心からの応援を呼ぶ

近年、日本でもZ世代を中心に、ＳＤＧｓに取り組んでいる企業や社会貢献を打ち出している商品・サービスへの人気が高まっているといいます。環境意識の高い欧米諸国では、環境に配慮しているかどうかが、商品やサービスの購買の決め手になることが普通になってきているともいいます。このように、**「何かを応援したい！」という気持ちから生まれる「応援消費」**のような購買のあり方が、世界中で広まっているように思います。

そのような時代にあっては、多くの人に応援される存在であるかどうかが企業の成長や長期的な繁栄にとって重要であり、そのためには企業活動の３６０度、全方位において自分たちの志に共感したファンをつくっていく必要があります。

チームとサポーターが一体となるほどの熱狂

「２０２１年10月23日、レモンガススタジアム平塚は一種異様な雰囲気に満ちていました」

そう語るのは、株式会社湘南ベルマーレの代表取締役社長を務める水谷尚人《なおひと》氏です（２

022年11月現在)。

「その日は残留争いをしていた横浜FCとの試合でした。先制点を決められる厳しい試合でしたが、後半78分に同点に追いつき、さらに試合終了間際にベルマーレが逆転しました。苦しい試合展開でも全力で走り続けた末のゴールでした。その試合では、選手たちの夢中さがサポーターたちとシンクロし、スタジアム全体がひとつになったような感覚を覚えました」

湘南ベルマーレの前身、ベルマーレ平塚はJリーグの黎明期である90年代、中田英寿氏をはじめとするスター選手も多

ブランドブック『SHONAN BELLMARE SPIRIT BOOK 2』より

く在籍する強豪チームでした。ベルマーレのサッカーは超攻撃的で、当時から「湘南の暴れん坊」というキャッチフレーズで多くのファンに親しまれていました。

しかし1998年、当時の親会社であるフジタが経営状況の悪化を理由に撤退を発表。1年かけてクラブ存続の検討が行われた結果、主力選手の多くは他チームへと移籍し、その年のリーグは最下位でJ2に降格しました。

2014年に理念を策定した際、当時の苦境を振り返りながら「なぜ自分たちはサッカークラブを運営し続けてきたのか？」「スポーツが果たすべき役割は何か？」とあらためて考えたと水谷氏はいいます。そうして導き出された答えが「夢づくり　人づくり」という使命（ミッション）でした。


「1980年代の半ばから後半にかけて、日本にプロサッカーリーグをつくろうぜ、という人たちがいました。当時の日本サッカーといえば実業団チームはありましたが、歴史に名を残すような有名選手が出ている試合ですら観客は数百人ほど。芝生は茶色いし電光掲示板もない。そんな時代にプロサッカーチームをつくろうなんて夢のようなことを言っている人たちがいた。さらにはそれと同じころ、日本でワールドカップをやろうぜ、と言っている人たちもいて、それにもやっぱり大半の人が『そんなのできっこない』と思っていました。けれど実際、ひとつひとつが現実になって何が起きたかと言うと、小学生だった子どもたちが『僕の夢はプロサッカー選手になることです』『日本代表になってワールドカップに出ることです』と語るようになった。私たちが子どものころは、そんなこと夢にも思いませんでした。こうやって誰かの夢が叶うと、また次の夢が生まれ、夢が連鎖していく。だから私たちはこの舞台をつくってくれた先人たちに感謝しないといけないし、選手たちはプレーを通じて夢を叶え、憧れの選手になることで、また次の子どもたちにとっての夢にならないといけない。そうやって夢がつながっていく。私たちの仕事はそういうことだと思っています」

もうひとつ、湘南ベルマーレを語るうえで欠かせないものがあります。それは「たのしめてるか。」というスローガンが象徴する「湘南スタイル」です。湘南スタイルをあえて表現するならば、「超攻撃的であること」「とにかくよく走ること」「常に全力であること」「挑戦的であること」といった言葉が並びます。これは、「湘南の暴れん坊」と呼ばれたベルマーレ平塚時代から受け継がれてきたＤＮＡのようなもの。

「僕らが実現したいのは、ビジョンとして掲げている『人生と地域を豊かにする、スポーツ文化が根ざしている世の中。』。その根底には地域を面白くしたい、明るくしたいという想いがあります。日常がベルマーレの話題で少しでも明るくなってくれたらいい。たとえば今週の土曜日に試合があるとします。朝、今日は試合の日だとワクワクして目を覚ます。そういう人たちの期待を裏切っちゃいけないという思いが強くあります。試合ですから勝ち負けはもちろん重要なんですが、仮に負けたとしても、観に来てくれた人の心を動かすことができるかどうか。彼らの想いに応えられる90分だったかどうか。それが重要です。だから常に全力で走らないといけないんです」

何度かわされても全力で走り続ける。球際で怯まず、倒れてもすぐに立ち上がる。ボールがラインを割りそうになっても最後まで追い続ける。そういったひたむきな姿に人々は心打たれ、気づけばファンになっていく。

2015年から使われている「たのしめてるか。」というスローガンは広くファンにも浸透し、知らない人はいないほどだといいます。使われ方もさまざまで、お手製の応援グッズに書いて掲げるファンもいれば、SNS上で「#たのしめてるか。」というハッシュタグをつけてベルマーレに関する投稿をしている人も数多く見受けられます。

水谷氏は「このスローガンがあるから、チームが苦しいときでも一丸となって応援してくれる。チームとともに夢中になって戦ってくれる。そういうファンがたくさんいるんです」と言います。

このような熱狂は、湘南ベルマーレの志や独自のスタイルに強く共感したファンたちの存在があって、はじめて生まれるものだと言えるでしょう。

真の顧客／ブランド・パートナーを設定しているか

マーケティングの世界では、しばしば顧客のことをターゲットと呼びます。しかし、これはもともと標的を意味する用語。できることなら大切な顧客を「撃ち抜き」たくはないですよね。だから私たちは、**「自社やブランドをともに育ててくれる仲間」**という意味を込めて、ターゲットではなく**ブランド・パートナー**と呼んでいます。

ブランド・パートナーは、「あの人（会社）が買っているなら私も買おう」という影響力があったり、周りにいい口コミをしてくれる存在です。つまり、「よい評判を生み、CPA（Cost Per Action：顧客獲得単価）を下げてくれる」ありがたい存在。

一方で、彼らはブランドを愛好し、進んでリピートしてくれる。「絆が深く、LTV（Lifetime Value：顧客生涯価値）が高い」存在とも言えるでしょう。

では、ブランド・パートナーがいい評判をつくってくれたり、長く愛用してくれたりす

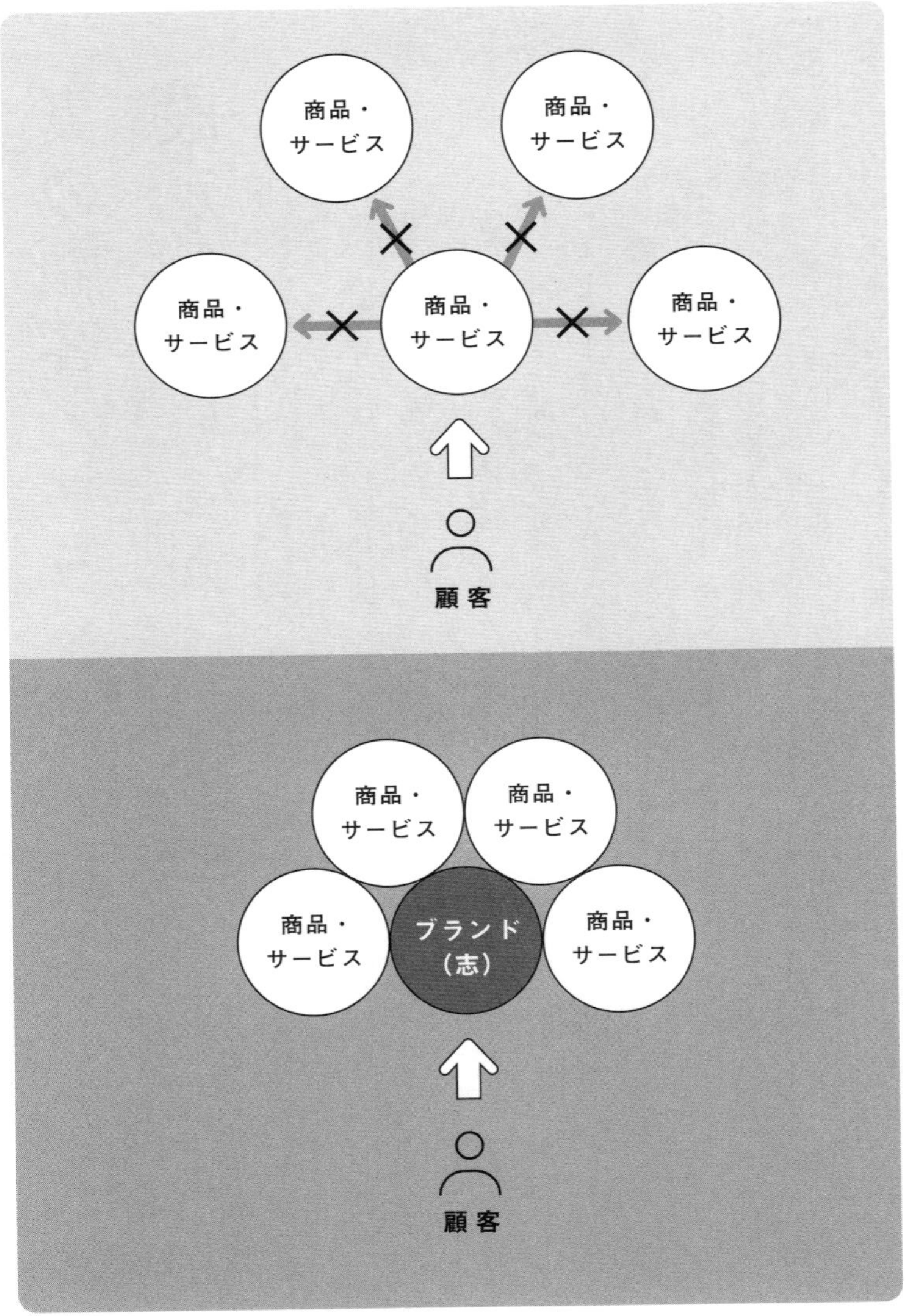
商品・
サービス
商品・
サービス
商品・
サービス
商品・
サービス
商品・
サービス
顧客
商品・
サービス
商品・
サービス
商品・
サービス
ブランド
（志）
商品・
サービス
顧客

るのに必要なことは何か。それは（もちろん商品が素晴らしいものであることは大前提として）、商品そのものの背景にある志に共感していることだと考えています。

そういったブランド・パートナーは商品単体のファンではなく、ブランド全体のファンになってくれます。たとえばアップルの思想に共感する人がパソコンにはMacBook、タブレットにはiPad、スマートフォンにはiPhoneを選ぶように、彼らはアップルというブランド全体を愛好しているがゆえに、カテゴリーを横断して複数の商品の顧客になってくれる可能性が高い。逆に、商品単体しか見ていない場合は、自然と他のカテゴリーのファンになってくれるかというと、そこには溝が生まれやすい。

だからこそ、こうしたブランド・パートナーをいかに戦略的に増やしていけるかが、志経営を実践していくうえでは非常に重要です。

日常の会話のなかに、湘南ベルマーレの話題が出るように

湘南ベルマーレは、ひとつの街ではなく神奈川県西部の9市11町にまたがる湘南という「地域」をホームタウンとする日本で唯一のサッカーチームです。Ｊ１に所属するクラブ

の多くが日本を代表するような大手企業のスポンサーに支えられているなか、湘南ベルマーレは176社のオフィシャルクラブパートナーと446社におよぶサポートコーポレーションによって成り立っています（2022年11月時点）。

サポートコーポレーションとは、たとえば街の小さな商店や個人の方が3万円から30万円という幅で出資するスポンサー制度で、他のチームにはあまり見られない仕組みだといいます。数百万から億単位のスポンサーとは違って、3万円という額は自分の財布から出すもの。すると、やはり人間ですから試合結果が気になる。少額スポンサーの狙いはそこにあります。気になれば自然に話題にもあがる。家族で食卓を囲んでいるとき、子ども同士で遊んでいるとき、地域のいたるところで湘南ベルマーレの話が聞こえてくる。地域に根ざしているクラブだからこそ、そういう状況をつくりたい。

常識的に考えれば、スポンサーへの営業活動は大きな出資を見込める企業に注力したほうが効率的です。実際、外資系企業やコンサル会社から「3万円や5万円を集めるためにわざわざ出向いて手間をかけるなんて、どうしてそんな効率の悪いことをするのか」と言われたこともあるといいます。

過去に営業としてスポンサー集めに奔走し、現在は広報としてチームの活動を社外に発信している遠藤さちえ氏は言います。

「効率を考えたらごもっともだと思うんです。でも、たしかに手間はかかるんですけど、自分たちの足でサポートしてくださる方々のもとに出向き、自分たちの話をすることで少しずつ湘南ベルマーレの輪が広がっているという実感を持てるんです」

実際、サポートコーポレーションをきっかけとしてスタジアムに足を運ぶようになる人もたくさんいて、そこには金額では測れない価値がある。こういった独自の活動の背景には、湘南ベルマーレが目指す理想のチーム像があります。たとえばFCバルセロナには「ソシオ制度」という会員制度があり、ソシオから集められる会費がクラブ運営を支えています。地域に住む人々は日常的にサッカーの話題で盛り上がり、試合がある日には街中のいたるところでユニフォームを着て応援している人たちの姿を見ることができる。

湘南ベルマーレが目指すのも、そういったクラブのあり方です。

スポーツという文化が地域に根ざし、地域とそこに暮らす人々の人生を豊かにする。それを実現するために、たとえ少額だとしても地域の人々からの支援を大切にする。

これは、湘南ベルマーレのビジョンと強く紐づいた独自のブランド・パートナー戦略と言えます。

顧客との「絆」と「評判」を戦略的に構築しているか

ブランド・パートナー像を定めたら、次はいかにしてそのブランド・パートナーを育てるかを考える必要があります。そのためのコミュニケーション戦略を考えていくうえで、顧客群を4象限に分けると理解しやすく、戦略を練りやすくなります。

①一般顧客

一定の利用は期待できるものの、志への共感や品質よりも価格志向が相対的に高い顧客。

②ブランド・キャスター

CPA低下に貢献することが期待される顧客。自分の周囲に積極的に紹介してくれるなど、評判の拡散を期待できる人。

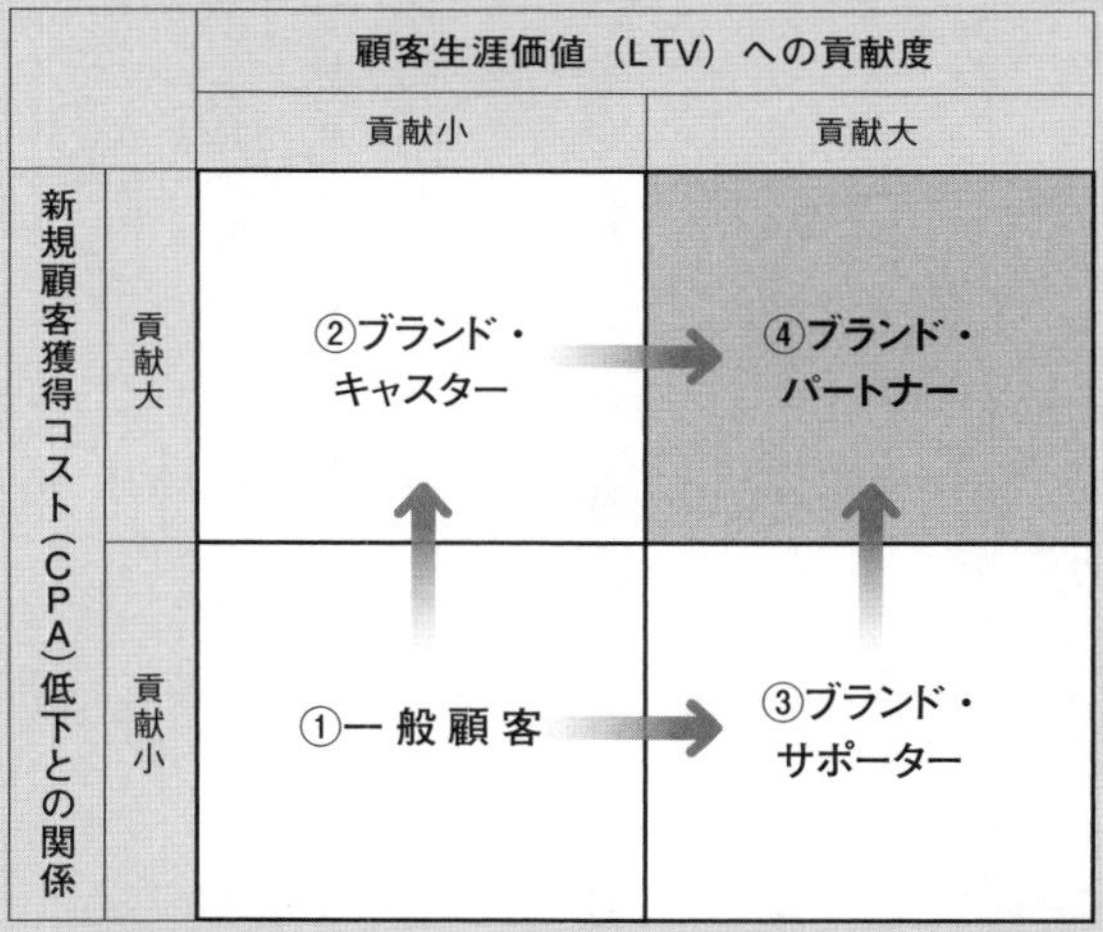
顧客生涯価値（LTV）への貢献度
貢献小
貢献大
新規顧客獲得コスト（CPA）低下との関係
貢献大
貢献小
②ブランド・キャスター
④ブランド・パートナー
①一般顧客
③ブランド・サポーター

③ブランド・サポーター

ＬＴＶの平均を上げてくれることが期待される顧客。ビジネス貢献度は高いが、情報受発信力はブランド・キャスターと比べると相対的に低い。

④ブランド・パートナー

長期的に商品・サービスを愛用してくれ、かつ評判を拡散する力を持っている顧客。ブランド価値を設計する際に基準とすべき層。

たとえば最初に購入いただいた顧客は、基本的には「一般顧客」に分類されます。戦略上、この一般顧客との「絆」をいかに深めてリピートにつなげていくか、そして、いかによい「評判」を立ててもらうかが重要になります。彼らをブランド・パートナーへと成長させていくことこそ、ブランドコミュニケーションの目的といっていいでしょう。

なお、顧客を分類する際に、それぞれの象限を区切る独自の指標をつくっておくと運用が回りやすくなります。たとえば○年以上のお付き合いや、○カ月に一度○円以上の購入をしてくださるとブランド・サポーターに移行し、○人（社）以上ご紹介いただくとブランド・キャスターに移行する、などといった指標です。

差積化で独自性を保ち続ける

ブランドコミュニケーションを考えるうえで、もうひとつ重要な考え方が**「差積化」**です。差積化とは差別化と対比した言い方ですが、一言で言うと、**「地道に小さな活動を積み重ねることで他を寄せつけない存在になる」**という考え方です。

いわゆる「差別化」は市場への導入時が最も独自性を発揮している状態であり、そのままにしておくと、その効果は時間が経つと同時に小さくなっていきます（次ページ図）。なぜなら、差別化によって人気になったブランドほど真似されやすいからです。市場に出回ったときはひときわ輝いていたはずなのに、しばらくすると周りが同じようなものだらけになって、独自性が失われていってしまう……。

こういった状況を防ぎ、時間が経てば経つほどエッジのたったブランドになるための考え方が「差積化」です。志を軸にして、日々地道な活動を積み上げていく。そうすることで、やがて他社には追随不可能なブランドになっていく。差積化はいわば、ストックの活動と言えるかもしれません。

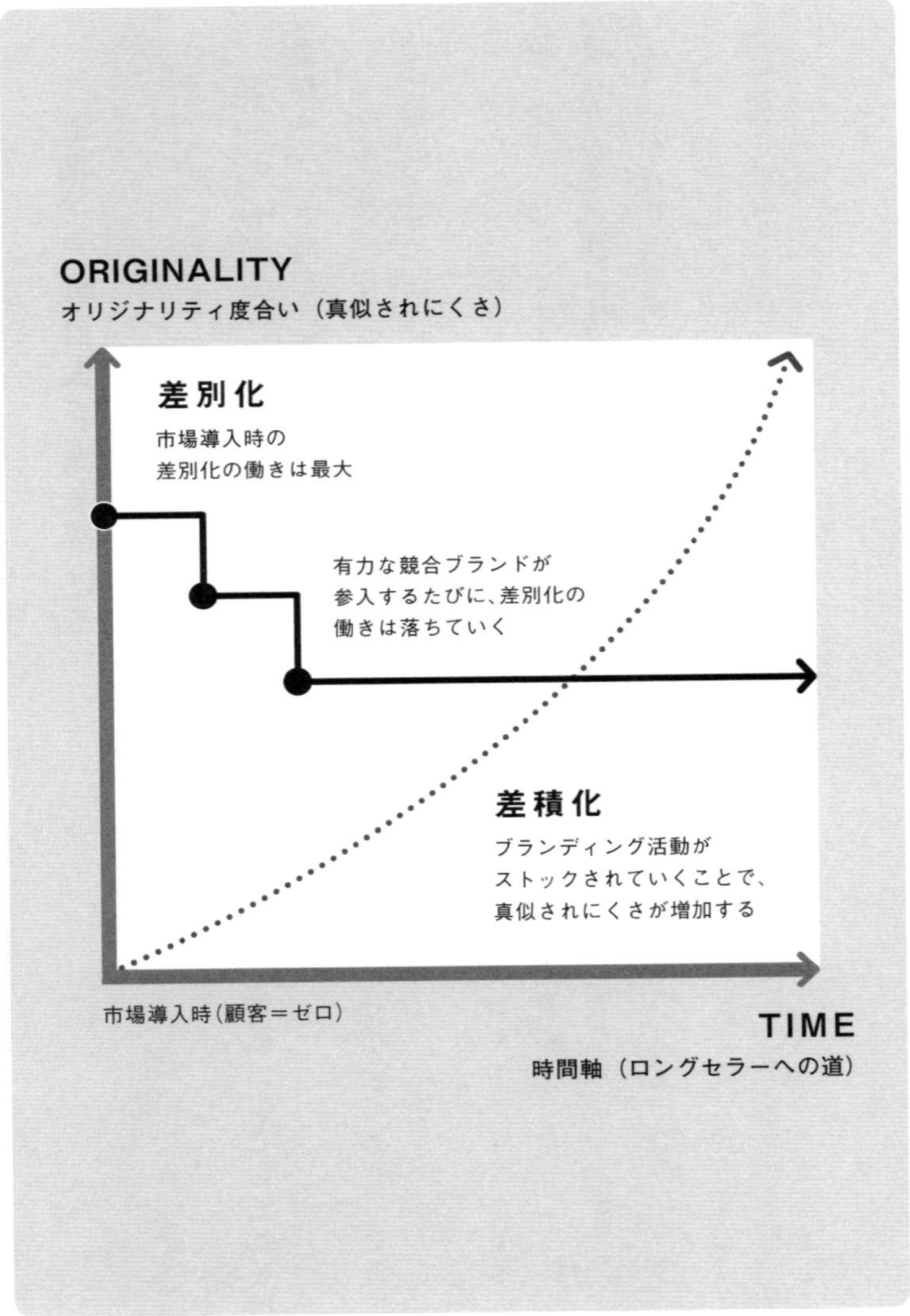
ORIGINALITY
オリジナリティ度合い（真似されにくさ）
差別化
市場導入時の
差別化の働きは最大
有力な競合ブランドが
参入するたびに、差別化の
働きは落ちていく
差積化
ブランディング活動が
ストックされていくことで、
真似されにくさが増加する
市場導入時（顧客＝ゼロ）
TIME
時間軸（ロングセラーへの道）

マイフェイバリットクラブではなく、マイクラブを目指す

「アメリカ人に好きな野球チームを聞くと、「My favorite team is ＊＊＊」という答えが返ってきて、イギリス人に好きなサッカーチームを聞くと「My club is ＊＊＊」と返ってくる。私の好きなチームか、私のチームか。同じことのようで、この2つには大きな差があります。湘南ベルマーレには、マイクラブだと考えてくれているサポーターが多くいるんです」と水谷氏は言います。

それはたとえば、こんな事実によっても裏づけられています。新型コロナウイルスの影響でリーグ戦の中断が余儀なくされた2020年。クラブ経営が大きな影響を受けるなか、リーグ戦再開の見通しが立っていないにもかかわらず、ほとんどのスポンサーが現状維持としてくれたこと。また、チケット収入減少による売上減を補填するべくはじめたクラウドファンディングでは、当初目標としていた5000万円を大きく上回り、ひと月で8500万円以上に到達したこと。この取り組みは2022年にも行われ、実に1億2000

万円近い額が集まったこと。

こういったことが可能なのは、多くのサポーターやスポンサーがクラブのことを自分事としてとらえ、「マイクラブ」という感覚を持っているから。その背景には、「僕たちが頼りないから、『ほっとけない』という方々がたくさんいるんだと思う」ともいいます。

この**「ほっとけない」**という感覚。たとえば遠くにいる見ず知らずの人が何か困っていても、自分がなんとかしなければと思う人は稀ですよね。けれど、自分にとって身近な存在が困っていれば助けたいと思うし、何かできないかと考える。

湘南ベルマーレというチームは、地域の人にとって「ほっとけない」存在であり、それは**志の実践ともいえるさまざまな活動を通じて、日ごろから地域の方々との絆を深めているからこそ生まれる感情**のはずです。

湘南ベルマーレは、「見ているだけでなく参加できるチーム」だといいます。

その言葉の背景には、年間1000回以上行われている地域での活動があります。驚くべきことに、1000回という数はサッカーの試合や運営しているサッカー教室の活動を除いた数だそうです。この回数はコロナ禍前の調査になりますが、Jリーグ全クラブチームのなかでも常にトップクラスというほどの力の入れようです。

他にも、湘南ベルマーレがファンや地域に対して行っているいくつかの取り組みを紹介します。どのような活動を通じて、ファン、そして地域の方々との絆を深め、「ほっとけない」存在になっているのか。その秘訣が垣間見えるはずです。

●クラブカンファレンス

２００４年からはじまり年に３回開催されているクラブとサポーターの交流の場。多いときでは８００名ものサポーターが集まることも。そこではクラブ側から目指すクラブ像や方針を説明したり、サポーター側から（ときに厳しい）意見や質問をもらうなど、オープンで活発な意見交換の場として活用されている。

●総合型スポーツクラブの運営

老若男女を問わず、より多くの人や地域とつながるために、２００２年に総合型スポーツクラブを設立。サッカーだけではなく、フットサル、ビーチバレー、トライアスロン、サイクルロード、７人制ラグビーのチームを持ち、それぞれの領域で若手の育成や競技の普及を行っている。またサポーターだけでなく、地域に住む子どもから大人まで、さまざまな人が参加できるイベントや大会の開催を通じて地域交流の役割も担っている。

●小学校・幼稚園・保育園における巡回授業

ホームタウン20市町の小学校の正規の授業のなかで、湘南ベルマーレのコーチが子どもたちに運動の指導を実施。スポーツの素晴らしさを伝えるだけでなく、協力、感謝、リーダーシップ、思いやりといった人間力を向上させることを大きな目的とする。この取り組みは2001年からスタートし、2022年現在、年間150以上の小学校で開催され、これまで延べ27万人以上の生徒が授業を受けている。また2007年からは幼稚園や保育園でも、外で体を動かす楽しさを伝える巡回教室を行っており、年に一度「ベルマーレカップ」として園児たちのサッカー大会も開催。毎年300人ほどの子どもたちが歓声をあげながらサッカーを楽しんでいる。

●ベルせん

トップチームの選手がホームタウン内の小学校を訪問し、「夢」をテーマに行う授業。子どもたちに夢を持つことの重要性や夢を叶えるために必要なことについて、選手一人ひとりが自らの経験をもとに伝えている。まさに「夢づくり　人づくり」を体現した取り組みと言える。

こうした取り組みの目的は、あくまで湘南ベルマーレのビジョンである「人生と地域を豊かにする、スポーツ文化が根ざしている世の中。」をつくること。ファンを増やすことではないと言い切ります。

総合型スポーツクラブを立ち上げた2002年当時、社内外から「そんなことよりサッカーに集中したほうがいい」と多くの反対の声があがったと言います。それでも「自分たちだけがよくなるなんて、クラブが存在する意味はない」という強い想いがあったからこそ実現したそうです。

こういった試合以外の活動は、チームとサポーターのあいだの深い関係にもつながっています。イベントを通じて、クラブと地域の方々のあいだに「顔の見える関係性」が生まれることで、いいことも反省するべきことも、すぐに直接伝えられる間柄。それが湘南ベルマーレとサポーターの関係性の唯一無二のあり方です。

「人生と地域を豊かにする、スポーツ文化が根ざしている世の中。」を実現するための地道な活動を通じて、地域との絆を深め、ひとつひとつの活動の評判が新たなファンを惹きつける。それこそがまさに「差積化」であり、志でファンをつくるということなのだと思います。

取引先も志を理解し、同志としての関係を築いているか

2019年8月19日、アップルやウォルマートなどのアメリカのトップ企業が所属する財界ロビー団体であるビジネスラウンドテーブルが、「企業の目的に関する声明」を発表しました。

これは「企業の社会的責任は利益を増やすことにある」としている「株主資本主義」から、すべてのステークホルダーへの配慮を目指す「ステークホルダー資本主義」へ移行すべきだという主張でした。

さらに2022年、世界最大の資産運用会社ブラックロックのCEOラリー・フィンク氏は、取引先に向けた同社HPのメッセージ（ラリー・フィンク 2022 letter to CEOs: 資本主義の力）で次のように書いています。

「企業経営者が一貫した主張、明確なパーパス、理路整然とした戦略、長期的な視点を持つことが今ほど求められているときはないでしょう。貴社のパーパスは、この波乱の時代に進むべき方向を示す羅針盤のような存在となるでしょう。（中略）パーパスをステークホルダーとの関係の基盤と位置づけることが、長期的な成功の鍵となるでしょう。（中略）顧客は以前にも増して価値観を共有する企業との取引を志向するようになっており、貴殿にとって価値があると信じるものは何かを知りたいと考えています。また株主は、貴社のビジョンとミッションの根底にある基本的な行動原則を理解する必要があります。貴社の戦略とその背景にあるものを株主が明確に理解していれば、貴社が困難に直面した局面で支えとなってくれるでしょう」

つまり、これから先の経済社会においては、その企業が存在する意義（志）を明確にして掲げることが、株主の理解や共感を得るとともに、ある種の責任にもなっていくことが予想されています。

このような時代において、**取引先は単なるビジネスパートナーを超えて、志をともにして実現していく仲間**です。だからこそ今求められているのは、取引先にも積極的に志を語り、志でファンにしていくことなのです。

お客様や取引先など、
主要なステークホルダーも
志を理解・共感している。

Chapter

志のもとにフラットな組織か

人の命には限りがあります。どんなに優秀な経営者も、いつか交代のときが訪れる。だからそれを前提にしたうえで次の世代、またその次の世代へと「志」をバトンタッチしながら経営を愚直に続けていく。結果、長く愛される企業になっていく。

宗教はまさにそうですよね。たとえば、キリスト教は2000年の時を超えて活動を続けています。キリスト、つまり教祖の教えを理念ととらえれば、理念のもとに行動する団体ですから、そういう意味では企業と同じです。

そもそも企業を表す「company」の語源は、ラテン語の「com（ともに）」と「panis（パンを食べる）」、そして仲間を表す「-y」です。ここでいうパンは、教会のミサで食べるパンのこと。同じ信条のもとに同じ教会に集まり、ともに支え合って活動する仲間という意味が、いつしか企業を表す言葉になったと言われています。

経営者は永遠ではないが、志は永遠

大切なのは、**経営者も社員も、志のもとにフラットな組織かどうか**ということです。経営者が優秀であればあるほどこれは意外と難しい。なぜなら強い信念を持って、どんな困難にも折れることなく、率先垂範《そっせんすいはん》で組織をぐいぐいと引っ張り、必ず解決策を見つけ出す。アイデアが豊富で、新しい商品やサービスを次々と打ち出す。

頼れるリーダーだからこそ、社員はいつの間にか社長の背中を見るようになっていく。すると、社長の頭のなかに答えがあると思い込んでしまい、いつもその答えを引き出そうとする。結果、自分で考え、決断しなくなる。さらにひどくなると、社長の顔色をうかがって仕事をするようになります。

こんな状態の組織では、(不吉な話で申し訳ないのですが)万が一、社長が突然亡くなってしまったらどうなるでしょうか。路頭に迷うことなく、これまで同様にぶれない組織でいられるかというと不安が残ります。

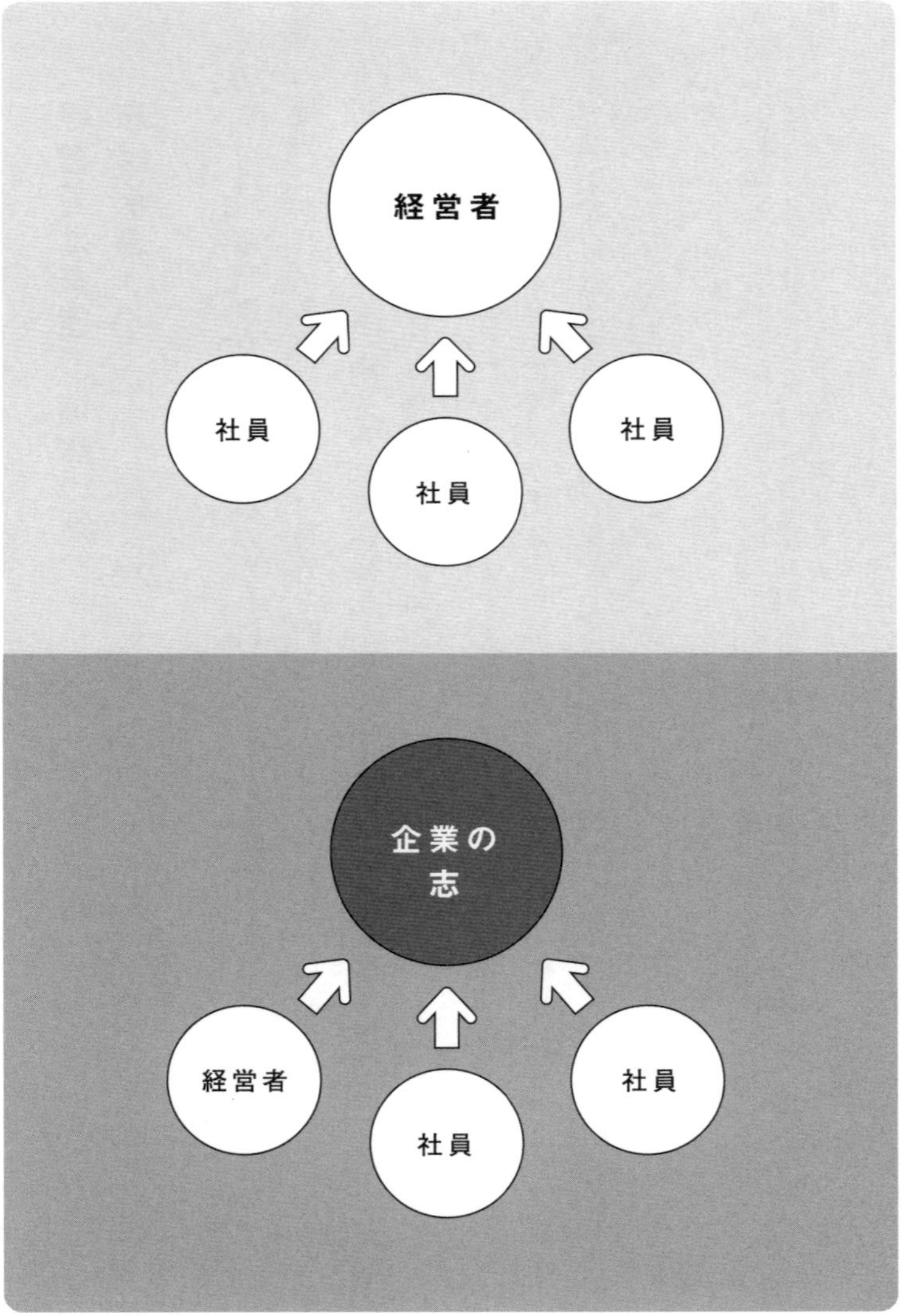
経営者
社員
社員
社員
企業の
志
経営者
社員
社員
社員

一方で、社員が社長を見るのではなく、社長の向こうにある志を見ていたら？

社長がいなくなっても、交代しても、その志を見て行動すればいい。変わることのない北極星の位置を確認しながら航海するように、迷ったらいつでも志に照らし合わせて、日々の活動を判断することができる。

普段からそれが当たり前の組織になっていたら、経営者としてもこれほど頼もしい組織はないでしょう。そういう組織は強く、長く続きます。社長や役員、古株の社員が引退しても、その想いを引き継いでくれる仲間がいるからです。

志を掲げると、自然とサステナブルな思考になる

「創業者の想いそのものが超長期的な視座なんです。一世代ではやりきれないことを何世代かけてでもやりきるという事業姿勢に、企業としての意味があると思っています」

そう語るのは、埼玉県三芳町にある石坂産業株式会社の代表取締役、石坂典子《のりこ》氏。産業廃棄物処理業がメイン事業ですが、「廃棄物」を「処理」する事業ではありません。なん

だかトンチみたいなことを言ってしまいましたが、平たくいうとリサイクルプラントです。住宅や建築物の廃材をチップや再生砂、ＲＰＦ（化石代替燃料）などに「再資源化」しています。

減量化・再資源化率は驚異の98％。その技術の高さや背景にある考え方、人材育成を学ぼうと、多くの企業が工場見学に訪れています。海外でも有名で、すでに40を超える国から大使や経営者たちが来訪。「日本に行くなら石坂に行け」と言われることもあるそうです。

２０２２年には、AmazonとGlobal Optimismが共同で立ち上げた「気候変動対策に関する誓約（The Climate Pledge）」

自然と共生するかのように、東京ドーム4.5個分の森のなかに石坂産業のプラントはある

に、日本企業として初めて署名しました。世界が目指している循環型社会に向けて、自分たちにできることは何かを本気で考えて取り組んでいる、日本を代表するすごい企業です。企業規模は決して大きくはありませんが、志の大きさは世界トップクラスだと思います。

石坂産業が実現したいのは、ゴミがゴミでなくなる社会。それは、今から半世紀以上前、創業時から変わらない想いです。大量生産・大量消費することに何も疑問を抱かなかった1960年代。次から次へとトラックがゴミを運んできて、東京湾にどんどん投棄して埋め立てていく。その様子を見ていた創業者の石坂好男《よしお》氏が、「資源の少ないこの国で、こんなことをしていたら日本はダメになる」と思い、「これからはリサイクルの時代だ」と心に決めて立ち上げました。

その志は2代目社長の石坂典子氏と仲間たちに引き継がれ、「Zero Waste Design」というビジョンになりました。言葉の表現は違っても、根底にある想いは同じです。55年ほど経った今も古びることはなく、むしろ深刻化する環境問題を考えるとますます重要になっています。

「そもそも我が社だけで実現できることではないんです。どこかひとつの会社がゴミをゴミでなくせばいいのではなく、すべてのものをゴミでなくするためには、あらゆることを変えていかなければなりません」

石坂氏が言うとおり、社会全体の意識と行動を変えていかなければ到底叶わない、意義深くて壮大なビジョン。でも、だからこそ世代を超えてでもやる意味がある。

社会のどんな課題を解決するために自社は生まれたのか。

その意義を深めれば深めるほど、石坂産業のように本質的で難易度の高い目標になります。たどり着きそうでたどり着かない。自然と長期的な視座で取り組まざるをえない。

志とはそういうものではないでしょうか。だからともに（com）仲間（pany）が助け合う、企業（company）の意味が生まれるのではないかと思います。

自社の利益の前に、社会や業界の発展を考えているか

いつも自分のことばかり考えている人と、いつもみんなのことを思いやる人。

どちらのほうが人気者になるでしょうか？　何かあったときに助けてもらえるでしょうか？

そう問われたら、ほぼ100％の人が「後者」と答えますよね。でも、これがビジネスになるとそんなに単純な話ではありません。収益を上げなければ潰れてしまうので、どうしても自社の利益に目が行きがちになります。競合に勝つにはどうしたらいいか、自社が成長するためにはどうしたらいいか、という議論が経営会議の話題になりやすい。もちろん否定するつもりはありませんし、営利企業であれば当然のこと。

ただ一方で、市場のなかで限られたシェアを奪い合うよりも、業界を改善して市場自体

を伸ばしたほうが未来は明るい。業界にイノベーションを起こして、新しい市場を生み出したほうがチャンスは大きいはずです。

そんなの理想論だと言われるかもしれませんが、理想を追い求め、それを現実にした企業が成功していることも事実です。

最近の代表例で言えば、テスラがそのひとつ。ＥＶ（電気自動車）は普及しないのではないかという疑問視を一蹴し、時価総額は約９０１２億ドルでした。世界の自動車メーカートップ10のうち、１位のテスラを除く９社を合計しても約７９４８億ドルですから圧倒的（２０２２年３月時点）。創業から20年もかからずに、ＥＶで達成してしまいました。

テスラＣＥＯのイーロン・マスク氏は、目標はビジネスで成功することではなく、「人類を救うことだ」と語っているそうですが、まさに将来世代を見据えた視点。目の前の車を売ることではなく、社会の課題に挑んでいます。脱炭素社会は世界共通のテーマ。日本政府も、２０５０年までにカーボンニュートラルを実現すると宣言しています。

二酸化炭素を排出しないＥＶは、時代の要請に応える自動車とも言える。だからチャンスがあることは間違いないのですが、言うは易しで行うは難しです。

走行距離をどう伸ばすか？　充電スポットをどう増やすか？　充電時間を短くするに

は？　など、たくさんの壁があったはずです。しかも、そのどれもがイノベーションが必要なほど難題だと思います。

でも、だからこそ実現できたら圧倒的な強みになるし、魅力になる。しかも同社は相当苦労して手にした技術、つまり特許を2014年に公開しています。自社だけで独占するのではなく、業界全体が使えるようにすることでEVの発展を目指しました。

結果、これからEV市場はもっと成長するでしょうし、そのころにはリーダー企業としてテスラはさらに伸びているでしょう。自動車業界にゲームチェンジを起こし、自動車の新しい常識をつくっているかもしれません。

実は、こういう話は昔から日本にもあります。時代は昭和初期、ラジオの黎明期です。メーカー各社がこぞって生産しようとしていましたが、必ず抵触してしまう特許がありました。このままでは業界の障壁になる。そこで、松下電器産業の松下幸之助が特許所有者から法外な金額で買い取り、その翌日には無償公開すると発表しました。その後、松下電器産業はどうなったかというのはみなさんご存じのとおりです。

課題解決につながるヘッドピンを探す

さて、話を戻しましょう。石坂産業は廃棄物を資源にするリサイクル事業から始まった会社ですが、現在では環境教育やエシカル商品のセレクトショップ、オーガニックファームやハーブガーデン、そこで採れた農作物を使った飲食事業、里山再生、自然を感じるキャンプ、食品や化粧品の開発・販売、そして太陽光・風力・地中熱を利用した再生可能エネルギーなど、活動範囲は年々広がっています。

私が出会った2015年から比べても驚くほどです。世界が目指す、循環型社会の縮図のようなモデルができつつあると感じているのですが、なぜこのような広がりを見せているのか、その背景を読み解くために次の質問をしたいと思います。

今、みなさんはベッドを捨てようとしています。

5000円で引き取ってくれる業者と、

1万円で引き取ってくれる業者。

どちらに依頼しますか？

事前情報なしでこの質問をすると、ほとんどの方が「5000円の業者」と答えます。

そんなの当たり前ですよね？ と思われるかもしれませんが、本当にそうでしょうか。

たとえば、次のように質問を変えた場合はどうでしょう。


これからの地球環境を考えて、モノを無駄にしたくないと願うみなさんは、ベッドを捨てるのではなく、資源としてリサイクルしてほしいと考えています。

5000円で引き取ってくれる業者は、50%を再資源化し、残りは廃棄する。

1万円で引き取ってくれる業者は、100%すべて再資源化する。

どちらに依頼しますか？


モノは捨てたら終わりではありません。それを資源に変えるためには職人の技術や努力が必要です。当然、人件費やさまざまな費用がかかります。けれど残念なことに、多くの人はそのことに気づかず、「なんで捨てるのにお金がかかるの？」と思う人もいる。安く「捨てる」ことばかり考えていたら、人も雇えないし技術も発展しない。循環型社会は遠のいていく。

日本にはモノがたくさんあふれていますよね。ということは、すべてを資源にできたら世界有数の資源国になるかもしれない。この逆転の発想に気づくかどうかです。

一方で別の問題もあるようです。石坂産業が力を入れてきたのは分別分級の技術。資源や素材として使いやすいように同一組成、同一サイズになるようにしています。

しかし、そこまで丁寧にリサイクルしたとしても使ってくれる社会がない。

たとえば混合廃棄物から木材を選り分け、チップに再生したとします。けれど、それを買うよりも木を切ったほうが安い。だから現場でコスト管理をしている担当者は、どうしても安いほうに流れてしまう。しかも、中古より新品のほうがいいという消費者はまだまだ多いわけです。社会の意識が変わらなければ、「循環」は成立しにくい。さらに言うと、そもそもつくり方にも課題があることを石坂氏は指摘します。

「同じような商品でも組成・素材が違います。どうすれば使い勝手がよくて強度は高くなるか？　売れるようになるか？　と考えてつくるので独自製法になる。しかもそれが企業競争力になるからメーカーは情報開示しない。そうすると、どう再生すればいいか正しい方法が見出せない。身近なところで言えば、洋服なんて3種類も4種類も混ぜています。

本当は世界基準の製造マニュアルがあればいいのですが、同じものをつくったらメーカーも売れないから困る。難しい問題です」

なぜこんな話をしたかというと、**「自社が解くべき社会の課題は何か？」を特定する必要がある**ということを伝えたかったからです。社会のために、みんなのためにと考えたとき、闇雲に行動してもうまくいきません。自分たちの会社だからこそ見つけられるようなヘッドピンがあるはずで、それを倒すことに注力することが大切です。

石坂産業の場合は「意識を変える」こと。ゴミがゴミでなくなる社会を実現するためには、一人ひとりの意識が変わり、行動が変わり、社会デザインそのものが変わっていく必要がある。それはとても難しいことですが、毎日毎日運ばれてくる廃棄物と向き合いながら、「このままでは地球はダメになる」という意思を持って行動している同社だからこそ、強いメッセージを発信できる。人の心を動かすことができるのではないか。

だから石坂産業のコーポレートスローガンは「自然と美しく生きる」。石坂産業と出会った人が、「自然と美しく生きるとはどういうことか？」を考えるきっかけになってほしい。言葉は世界も時代も飛び越えることができますから、一人、また一人と伝播していって意識が変わり、少しずつでもいいから自分にできることをみんなが行動してくれた

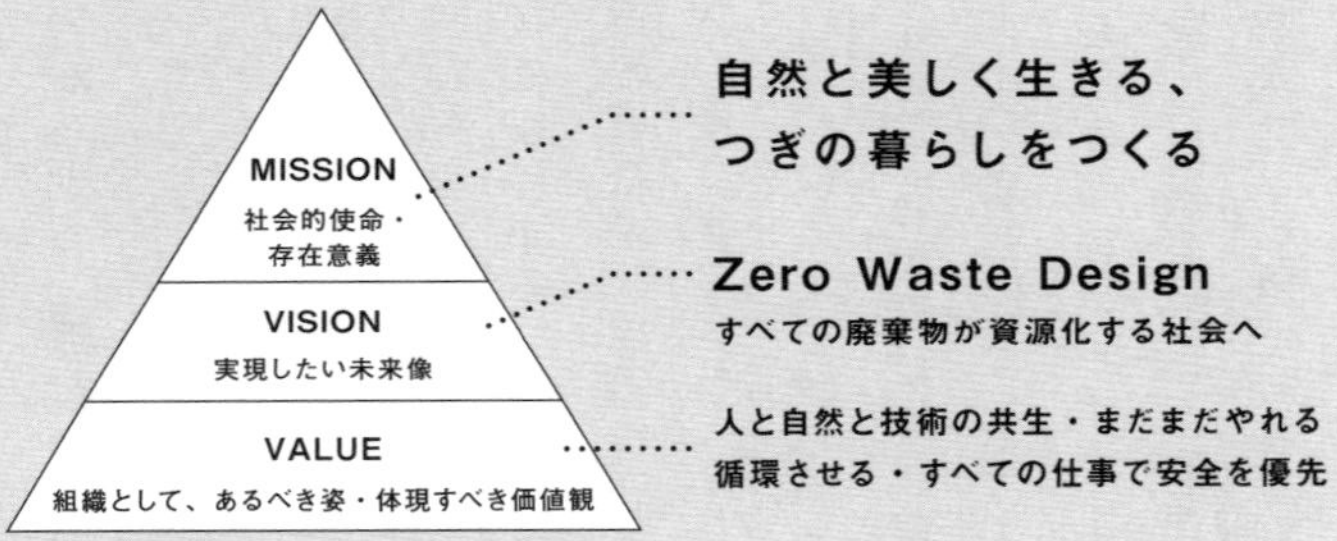

社会的使命・

実現したい未来像

組織として、あるべき姿・体現すべき価値観

すべての廃棄物が資源化する社会へ
人と自然と技術の共生・まだまだやれる
循環させる・すべての仕事で安全を優先

ら。そんな願いを込めて社員のみなさんとつくった言葉です。

ミッションは、「自然と美しく生きる、つぎの暮らしをつくる」。再資源化するという仕事からさらに一歩先に進んで、「つぎの暮らし」をつくる企業になると宣言したのです。冒頭で紹介したような、たくさんの事業が生まれている理由がこれです。

意識を変えるためには教育が重要です。そこで三富《さんとめ》今昔《こんじゃく》村という場をつくり、豊かな自然のなかで環境教育を行っています。でも、まじめなだけではまじめな話は伝わりません。美味しい、楽しい、おしゃれ。そういうものでなければ手に取ってすらもらえないこともある。ですから、ここで提供される料理は、見た目も華やかで美味し

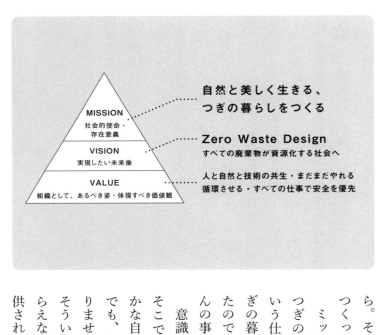

いだけでなく、野菜クズからとった出汁が使われていたりする。捨てずに再生する、その大切さを五感で伝える仕掛けです。

他にも循環型農業を始めたり、エシカル商品を販売したり、ロールモデルを体現し人々に体感させることで、「つぎの暮らし」とはどういうことかを考えてもらうきっかけづくりをしています。

工場見学や食農環境教育、エシカル商品販売などを通して意識を変えていく

世のため人のためなら力を貸す

同じような商品でも組成が違う。さらにその情報をメーカーは開示しないので再生しにくいという話をしました。ではどうすればいいのか？　と石坂氏に問いかけてみたところ、こんな答えをもらいました。

「販売した製品を回収することやリサイクルすること、その責任をメーカーに押しつけるのではなくて、パートナーシップで解決していくことが大事ですよね。たとえば、私たちのような会社と製造会社が組んで、リサイクルの仕組みをつくっていくというようなことです」

石坂産業は「共創・協働」という言葉をテーマに掲げていますが、これは志経営においても重要なテーマです。志は「実現する」ことが大切なのであって、「自社だけでやる」ことが大切なわけではありません。国内外問わず、共感し合える人や企業とパートナーになってお互いの強みを活かし、志を叶え合う。そのほうが社会がよくなるスピードは上がっていきます。

そういう観点でも、やはりミッションを持つ意味は大きい。チームになるためには大義が欠かせません。**「私のために頑張って」よりも、「社会のために、あの人たちのために、一緒に頑張ろう」というほうがひとつになれる。**これはあくまで個人的な現場感覚ですが、特に一流の人ほどお金ではなく意義で動く人が多いように感じます。


石坂産業もたくさんのパートナーと力を合わせながら、さまざまな取り組みにチャレンジしています。そのひとつが廃棄物選別ロボットの共同開発。多様な廃棄物が混在している建設混合廃棄物は、選別自動化が非常に難しく、「ベルトコンベアを流れる廃棄物を人の手によって選別する」というのが業界の常識でした。

そこで、建設廃棄物の排出事業者である東急建設とタッグを組み、同社が研究開発してきた選別技術と石坂産業が持つ分別分級の知見を掛け合わせて、実用化に向けた開発を行っています。具体的には2021年4月から、手選別ラインへピッキングロボット2台を導入。実際のラインからデータを取得するとともにディープラーニング（深層学習）による画像解析技術を用いることで、選別作業の自動化を目指しています。

また、NEC、インテルとの3社協業で最新のICTやローカル5Gなどのネットワーク技術を導入。トラックで搬入される廃棄物の容積をレーザーセンサーで自動計測する技術などを開発しています。

こうした取り組みを実現していくことで、現場の作業がより安全・安心になるとともに廃棄物処理コストも下がっていく。全国の廃棄物処理事業者に導入できるよう一般化されれば、業界全体が発展していくことになります。

未来費用に投資しているか

先行き不透明な時代だと言われています。パンデミックのような疫病や自然災害、世界情勢の変化など、50年、１００年という単位で考えれば予期せぬことは必ず起きます。危機に直面したときに、その危機を乗り越え、企業を長く続けていくためには、財政面の管理も大事になってきます。

実際、長寿企業の多くは、有事があることも加味してリスクに備えているようです。どんなに儲かりそうな気がしても、自分たちの強みが活かせないことはしない、無謀な賭けはしない。いわば**身の丈にあった経営をする**ということ。

しかしそれは、チャレンジをしないということではありません。自社の志と照らし合わせたとき、次世代のことを考えたときに、「やるべきだ」と判断したものにはしっかりと投資する。**倹約と投資、その両輪をバランスよく「ａｎｄの発想」で取り組むこと**が大切です。

石坂産業でいえば里山再生がそのひとつ。東京ドーム4・5個分、同社を囲むくぬぎの森は、かつては不法投棄の温床で荒れた雑木林でした。その森を地権者からお借りして掃除をすることから始めたそうです。ごみを拾い、落ち葉を掃き、下草を刈る。大きくなりすぎた木の枝を切り落とし、足りない木を植える。木こりのような仕事を今も続けています。

その結果、生物多様性に関するJHEP認証で、日本最高ランクのAAAを獲得。絶滅危惧種も多数住んでいる豊かな里山へと再生されています。

目の前の収益性だけを考えたら、お金を払って借りて、人件費をかけて掃除するなんて理にかなっていないかもしれません。リサイクルプラントだけに集中したほうが余計な支出もなく、利益率は高くなる。

けれど、「自然と美しく生きる、つぎの暮らしをつくる」という志から考えれば必然的なこと。そして、その里山があるからこそ、落ち葉堆肥を使った循環型農業や環境教育など、その他の事業につながっているのです。

今これに取り組んだら次の世代が喜ぶだろうか？　そんな問いを持つことが、長く愛される企業になるための重要なポイントです。

持続可能な経営には採用と育成が不可欠

企業は人なり。

なにより志を受け継ぐのは人でしかありません。先輩から後輩へ、想いや技術をしっかりと伝承していくためにも、**定期的な採用が不可欠**です。それに、後輩ができることで人が育つということもよくあります。

次の世代を採用し続けることはとても重要で、組織が成長し続けるためには欠かせません。もちろん、経営状況的に難しい場合もあると思います。たとえ毎年は無理だとしても、5年、10年スパンでもいいので、**世代ごとには人材がいるという状態**を目指せるといいでしょう。

そして、採用するからにはその人材を活躍させるための仕組みが必要です。パフォーマンスを発揮しやすい環境づくりと育成。これらは特に力を入れたい投資項目です。

どちらもありきたりなものではなく（人材会社が提供するものをそのまま入れるのではなく）、できれば自社ならではの方針があればベストです。必要な人材は企業によって異なるわけですから、採用も育成も環境づくりも企業ごとに違うはず。

たとえば石坂産業では健康経営を掲げており、自社農園で採れた野菜を使ってお弁当を提供しています。無駄なゴミを出さないように、容器を持参した場合は割安になるというサービスもあるそうです。

女性が活躍しやすいようにさまざまな制度を整えているのも、女性経営者ならではかもしれません。女性管理職比率が10％にも満たない企業が多いなかで、石坂産業はなんと50％。すごい数字ですよね。

２０２１年には石坂総合大学校を設立し、理念を実践する人材を育てるために、体系的な教育プログラムを整えはじめています。また、「自走力」をテーマに日々の仕事のなかで社員が自ら考えて行動するよう、プロジェクト活動を推進しています。

私もいくつかのプロジェクトをご一緒していますが、年次や部署の垣根を超えたチームを組むことで、お互いの理解を深めたり、刺激になることも多いだろうと感じています。まだ20代の社員が、「自分たちはどうありたいか」と自社の理念をもとに考え、発言し、行動していく。そんな姿を見ると、まさに「志のもとにフラットな組織」です。

ビジョナライズが羅針盤になる

石坂産業のすごいところは、掲げた未来像を次々と実現してしまうところです。現在行っている事業や取り組みのなかには、私が出会った7、8年前にはまだ想像の世界だったものもあります。

実は同社には、門外不出のビジョンブックというものがあり、そこには2050年の石坂産業が描かれています。自分たちの志と照らし合わせながら、「こんなことを実現したい」という未来を社員みんなで議論しながら、具体的な言葉とイラストに落とし込んだそうです。

私は**ビジョナライズ**と呼んでいるのですが、**「具体的な未来をありありと描く」**ことは、とても大事なことだと思っています。何を実現したいのかが明確でなければ、実現することはできないからです。「何を当たり前のことを言っているんだ」と思われそうですが、実際には曖昧な未来しか描いていない企業も多いのが事実です。

たとえば環境問題に貢献するという志があったとします。それは何年後に何を実現したいのか。CO^{2}の削減なのか、ゴミの削減なのか、水質汚染を防ぐのか。またどのくらいの量で、それによって社会はどう変わっているのか。そのころには社内にはどんな部署があり、どんな人がどれくらい働いていて、どんな仕事をしているのか。

映像として思い浮かぶくらい、細部まで描けていればいるほど取り組むべきことが明確になり、社員にもぶれずに的確に共有することができます。

1988年にアップル（当時はアップルコンピュータ）が発表した、「ナレッジナビゲータ（Knowledge Navigator)」というパソコンの映像をご存じでしょうか。

あらためて見てみると衝撃的です（YouTubeで探せるかもしれないので、興味のある方は検索してみてください）。何が驚くかというと、そこに描かれているほとんどが今現実のものになっているからです。

映像のなかではある教授が登場人物になっているのですが、その教授が（ノートパソコンのような）パソコンに向かって話かけると、AIと思われる男性が次々に答えていきます。データを検索したり、その日の予定を知らせてくれたり。外部から電話がかかってくると映像通話でつなぎ、打ち合わせを始めたりします。現在のパソコンやタブレットと同様、回線につなぐ必要はなく、（Wi-Fiのような何かで）インターネットに接続されています。

そのどれもが現在では実現しているか、実現しそうな暮らしなのですが、この映像が描かれた1988年と言えば、そんな未来は絵空事に聞こえてしまうのではないかと思うくらいの黎明期です。

実際に、当時はまだノートパソコンは世の中になく、日本で言えば商用インターネットが開始されたのは1992年です。そんな時代にこれだけの未来を想像したのかと思うとすごいですよね。でも、描いたからこそ実現したのではないかと思います。

「人間が想像できることは、人間が必ず実現できる」

これはフランスの小説家、ジュール・ヴェルヌの名言ですが、本当にそのとおりです。

だから、ぜひ思い切り大胆な未来を想像してください。映画のコンテを描くように、登場人物も、風景も、そこで何が行われ、誰がどんな顔で過ごしているのか、ワクワクしてたまらないような理想を描きましょう。具体的になればなるほど、その志が叶う確率は間違いなく上がっていくはずです。

長期的な視点で考え、
将来世代に対する責任感を持って
経営している。

推薦の言葉

日本に昔から存在する「志」という言葉。外国語に翻訳することが難しい独特の意味を含んでいる。創業者が、何かしらの価値を世の中に提供したいと志を胸に抱いて起業したその思いは、多くの人を巻き込むために、やがて企業理念＝企業の志に昇華され、従業員、その家族、顧客、取引先、地域社会などに伝播し、企業経営の根本をつかさどっていく。パーパス経営という言葉が花盛りの昨今、あえてそこに由らず著者が所属するパラドックス流の「志経営」ともいえる独自のコンセプトを、数多くのコンサルティング事例から紡ぎだした本書は、今後の企業経営の在り方に一石を投じてくれるはずだ。

グロービス経営大学院　経営研究科　研究科長　教授　田久保善彦

企業経営におけるほとんどの問題は、そもそもなんのために仕事をしているのかという「志」が共有されていないことに起因する。「志」の一点でズレやブレがなければ、自ずと問題は解決する。本書は経営の一丁目一番地を示す指標となる。

一橋ビジネススクール教授　楠木建

ヒト・モノ・カネ。ヒトだけにある性質が可変性です。では、ヒトは何で変わるのか？　志です。

「今日、なんのために会社に来たのか？」

この問いに即答できない人は、この本を読んでください。

競争優位の源泉であるモチベーションが希少化している日本において、本書が新しい道筋を示してくれる。

独立研究家／パブリックスピーカー　山口周

おわりに

最後までお付き合いいただき、ありがとうございました。

先行き不透明な時代と言われますが、そうした状況にあっても、信念を持って前へ前へと進んでいく。そんな志を持つ企業たちの姿を通して、何かひとつでも気づきを得ていただけたらとてもうれしいです。


経営とは何か？

ブランディングとは何か？

答えはきっと千差万別ですが、つまるところ、誰かを、世の中を、どれだけ幸せにできるかということではないかと思うのです。だからそこで働く経営者も社員も、みんなが幸せであってほしい。

そんな志を胸に立ち上げたのがＰＡＲＡＤＯＸ創研です。

長く愛される企業になるためには？

誇りをもって幸せに働くためには？

という問いを掲げて、経営やブランディングのナレッジを日々、研究開発しています。具体的には、パラドックスメンバーやクライアントの皆様が日々奮闘しているなかで得た気づきや知見を収集し、分析し、原理原則を導き出して誰もが使えるフレームワークに落とし込む。そしてそれをまた、クライアントや世の中にお返ししていくという活動です。

本書はそのナレッジをまとめたものですから、私の執筆というよりパラドックスみんなの活動を代筆したというほうが正しい気がします。

さて、本書を上梓するにあたっては多くの方のお力添えをいただきました。すべての方のお名前をあげることはかないませんが、心より感謝を申し上げます。特に本書内に登場いただいた企業の皆様には、長時間にわたるインタビューにお答えいただき、多大なるご協力をいただきました。

また、グロービス経営大学院研究科長の田久保善彦さんには志や経営に関する知見を惜しみなくアドバイスいただきました。マーケティング・コンサルタントの安原智樹さんとはいくつかのナレッジを共創しました。デザイナーの淵憲一さんにはどうしたら読みやすく、伝わりやすくなるか、何度も考えていただき、井手亮介さんには企業のインタビューから最後まで、二人三脚で力を貸していただきました。パラドックス代表取締役の鈴木猛之さん、田村団さんには企画当初からサポートいただきました。そして創業から20年以上、現場で実務に携わってきたパラドックスのみんなの知見がなければ、「志の経営7つの原則」をまとめることはできませんでした。かんき出版の渡部絵理さんには企画を具現化していただき、いつも的確なアドバイスを頂戴しました。本当にありがとうございます。

今日、この瞬間も、誰かのために、社会のためにと全力を尽くしている方がたくさんいらっしゃいます。そうした皆様にとって少しでもお役に立てることを願いつつ、筆をおきたいと思います。

2023年1月吉日　鈴木祐介

【企画協力】

田久保　善彦（たくぼ・よしひこ）

◉──グロービス経営大学院 経営研究科 研究科長 教授。慶應義塾大学理工学部卒業、学士（工学）、修士（工学）、博士（学術）、スイスIMD PEDコース修了。

◉──株式会社三菱総合研究所を経て現職。経済同友会幹事、上場企業およびベンチャー企業社外取締役等も務める。

◉──著書に『ビジネス数字力を鍛える』『社内を動かす力』（ダイヤモンド社）、共著に『志を育てる』『27歳からのMBA グロービス流ビジネス基礎力10』、監修・執筆に『これからのマネジャーの教科書』『「人的ネットワーク」づくりの教科書』（東洋経済新報社）などがある。

【執筆協力】

井手　亮介（いで・りょうすけ）

◉──PARADOX創研主任研究員／ブランディングディレクター／クリエイティブディレクター。早稲田大学商学部卒業、早稲田大学基幹理工学研究科表現工学専攻修了。

◉──クリエイティブ領域の仕事からキャリアをスタートさせ、近年は多くの企業のブランドコンサルティングや組織コンサルティングに携わる。PARADOX創研の設立と同時に主任研究員に就任し、多くのナレッジ開発、サービス開発に従事。インナーブランディングを推進するための組織診断サーベイ「visions survey」の開発をリード。

◉──宣伝会議や企業セミナー、高校生向けの授業など、幅広い領域で講師を務める。

【著者紹介】
鈴木　祐介（すずき・ゆうすけ）

◉──株式会社パラドックス執行役員／PARADOX創研所長／ブランディングプロデューサー／クリエイティブディレクター。慶應義塾大学法学部卒業、グロービス経営大学院経営研究科修了（MBA）。

◉──280社を超える企業・事業のアイデンティティを策定し、常時150社以上のブランドコンサルティングとクリエイティブ開発を行うパラドックスの創業期メンバー。理念策定から商品・サービス開発やプロモーション、組織活性や理念浸透、採用設計や育成、各種クリエイティブツール開発まで幅広い領域に携わる。独自のブランディング手法をもとに、あらゆる領域において多数の企業の志実現に向けて伴走している。2019年、PARADOX創研を設立、所長に就任。人や企業が志を実現していくためには何が重要なのか、研究・ナレッジ開発を行う。2020年には、社会課題に挑むスタートアップや起業家を支援する投資＆共創型ブランディング事業「PARADOX INCUBATION」を立ち上げ、責任者に就任。パーソナルミッションは「社会の課題をクリエイティブに解決する」こと。

◉──ブランディング・クリエイティブに関する受賞多数。宣伝会議、企業セミナーなどの講師も務める。

なんのために経営《けいえい》するのか

2023年２月６日　　第１刷発行

著　者──鈴木　祐介
発行者──齊藤　龍男
発行所──株式会社かんき出版
東京都千代田区麴町4-1-4 西脇ビル　〒102-0083
電話　営業部：03(3262)8011㈹　編集部：03(3262)8012㈹
FAX　03(3234)4421　振替　00100-2-62304
https://kanki-pub.co.jp/

印刷所──ベクトル印刷株式会社

ISBN978-4-7612-7654-6 C0034